Impressum

Herausgeber: GVV-Kommunalversicherung VVaG
Idee, Konzeption und Gesamtherstellung: Lösch MedienManufaktur
Grafische Gestaltung: Susanne Thies und Regine Vogel
Projektleitung: Thomas Pfisterer
Koordination: Markus Mohlberg
Lektorat: Tanja Rauch
Fotografie: Martin Jakob
Redaktionsschluss: 29. April 2011

Zugunsten der Lesbarkeit und Verständlichkeit wurde in der Regel darauf verzichtet, neben der männlichen auch die weibliche Form anzuführen, obwohl die Aussagen selbstverständlich für beide Geschlechter gelten.

© GVV-Kommunalversicherung VVaG, DuMont Buchverlag

Erschienen im DuMont Buchverlag
www.dumont-buchverlag.de

ISBN 978-3-8321-9641-7

Printed in Germany

100 Jahre GVV 1911 – 2011

DUMONT

1935–1944 Verwaltungsgebäude
„An der Flora 27"

1954 – 1984   Verwaltungsgebäude „An der Flora 27"
(Nach dem Wiederaufbau)

1984–2001 Hauptniederlassung Köln „Aachener Straße 1040"

10 – 13	**Vorworte**	69	*Vertrauen ist gut – Kontrolle ist besser!*
10	*Aufsichtsratsvorsitzender Dr. Uwe Friedl*	72	*Wer den Schaden hat, braucht für den Spott nicht zu sorgen!*
12	*Vorstandsvorsitzender Wolfgang Schwade*	76	*Und er bewegt sich doch!*
		79	*Weitere ausgesuchte Schadensfälle*

14 – 21 **Die beiden Standorte**
16 *Köln*
17 *Grußwort von OB Jürgen Roters*
19 *Wiesbaden*
21 *Grußwort von OB Dr. Helmut Müller*

22 – 29 **GVV-Historie**
24 *Die Unternehmenshistorie*

30 – 37 **GVV-Zeitzeugen**
32 *Die ehemaligen Vorstandsvorsitzenden erinnern sich*

38 – 43 **Die Rolle der Kommunalen Spitzenverbände**
40 *Dienst am Bürger*

44 – 51 **Gewachsen aus Vertrauen**
46 *Die GVV-Kommunalversicherung als Versicherungspartner*

52 – 57 **Vergleich große versus kleine Kommune**
54 *Koblenz und Pfungstadt*

58 – 81 **Ausgesuchte Schadensfälle**
60 *Bleibt ein Original ein Original?*
67 *Geld ist wie ein Kaninchen*

82 – 87 **Umzug ins neue Haus**
84 *Wo steckt der blaue Hirsch?*

88 – 93 **IT-Entwicklung**
89 *Von der Lochkarte zum Multimedia-Computer*

94 – 105 **Rund ums Haus**
96 *Die guten Geister im Hintergrund*

106 – 111 **GVV als Arbeitgeber**
107 *Kathleen Hornjak und Benjamin Schütte*

112 – 115 **Einblick in die Zukunft**
113 *Eine Vision*

116 – 119 **Persönliches**
116 *100 Jahre GVV-Kommunalversicherung VVaG …*

120 – 123 **Anhang**
120 *Mitglieder des Vorstandes*
121 *Mitglieder des Vorstandsbeirates*
122 *Mitglieder des Aufsichtsrates*
127 *Vorsitzende und stv. Vorsitzende des Betriebsrates*

132 **Bildnachweis**

Vorwort des Aufsichtsratsvorsitzenden
Dr. Uwe Friedl

Dr. Uwe Friedl ist Bürgermeister der Stadt Euskirchen und seit dem 30.6.2010 Aufsichtsratsvorsitzender der GVV-Kommunalversicherung VVaG und GVV-Privatversicherung AG

100 Jahre GVV-Kommunalversicherung – ein stolzes Jubiläum und besonderer Grund, zu feiern und den Mitgliedern der GVV Dankeschön zu sagen.

Als wichtige Säule der kommunalen Selbsthilfe hat sich die GVV stets an den Bedürfnissen ihrer Mitglieder orientiert und sich als verlässlicher Partner in allen Fragen rund um den kommunalen Versicherungsschutz etabliert. Historisch gewachsen aus dem Kreise der Mitglieder, hat die GVV auch in stürmischen Zeiten tragfähige Lösungen gefunden und dafür Sorge getragen, dass die Mitglieder auf aktuelle und marktgerechte Versicherungsprodukte zurückgreifen können. Die stetig wachsende Zahl der Mitglieder der GVV, die enge Zusammenarbeit mit den Städten, Gemeinden, Kreisen, kommunalen Unternehmen und Sparkassen sowie der Ausbau des Produktportfolios sind Belege dafür, dass die GVV in den letzten 100 Jahren auf dem richtigen Weg war.

Eine solidarische Gemeinschaft – gleichbedeutend mit einer Mitgliedschaft bei der GVV – zeigt gerade in der heutigen Zeit, wie wichtig es ist, wieder enger zusammenzurücken und Wagnisse gemeinsam zu schultern. Die Risiken der Kommunen und kommunalen Unternehmen sind vielfältig und sehr speziell. Die Aufgabe, diese Risiken optimal abzudecken, macht die GVV zum unverzichtbaren Spezialversicherer. Diese Spezialisierung hat über Jahrzehnte zu einer nahezu einmaligen Fachkompetenz geführt, die der kommunalen Gemeinschaft den nötigen Rückhalt bietet. Egal, ob kleine Gemeinde oder große Stadt – die GVV vertritt die Interessen aller Mitglieder gleichermaßen und leistet so einen wesentlichen Beitrag zum Zusammenhalt der kommunalen Familie. Da bei der GVV als Versicherungsverein auf Gegenseitigkeit keine Gewinnabsichten im Vordergrund stehen und erwirtschaftete Überschüsse wieder an die Mitglieder ausgeschüttet werden, erfolgt eine effektive Beitragsrückvergütung.

Ein wesentlicher Bestandteil der GVV ist auch die Zusammensetzung des Aufsichtsrates und des ehrenamtlichen Vorstandes. Ausschließlich besetzt mit Vertretern aus dem Kreise der Mitglieder, agieren diese zum Wohle aller und scheuen sich

Dr. Uwe Friedl

auch nicht, komplexe Themen offen anzusprechen und die dahinter verborgenen Probleme zielgerichtet zu lösen. Ein hohes Maß an Integrationsfähigkeit und Fairness im Umgang miteinander sind die Grundvoraussetzungen für das Funktionieren dieses Kontrollgremiums. Ich kann mit gutem Gewissen sagen, dass die gemeinsamen Interessen der Mitglieder bei der Entscheidungsfindung im Vordergrund stehen.

Zum Schluss möchte ich allen danken, die daran mitgewirkt haben, dass sich die GVV in 100 Jahren zu einem soliden Unternehmen der kommunalen Gemeinschaft entwickelt hat, das mit Zuversicht in die Zukunft blicken kann.

Ich danke den aktiven und ehemaligen Mitgliedern des Vorstandes für die geleistete Arbeit sowie die aufgebrachte Sorgfalt und Weitsicht bei den getroffenen Entscheidungen.

Ebenfalls danken möchte ich dem Aufsichtsrat für die Vertretung der Interessen der Mitglieder und ihr Engagement im Sinne des Gemeinwohls.

Ein besonderes Dankeschön geht an die Mitarbeiterinnen und Mitarbeiter der GVV. Sie sind das Fundament des Unternehmens und stehen mit einem hohen Maß an Qualität den Mitgliedern beratend zur Seite.

Mein abschließender Dank geht an die Mitglieder, die die GVV zu dem gemacht haben, was sie heute ist: eine solidarische Gemeinschaft mit Zukunft – gewachsen aus Vertrauen.

Ihr

Dr. Uwe Friedl
Aufsichtsratsvorsitzender

Vorwort des Vorstandsvorsitzenden
Wolfgang Schwade

Wolfgang Schwade ist seit dem 1.10.2005 Vorstandsvorsitzender der GVV-Kommunalversicherung VVaG und GVV-Privatversicherung AG

1911, Jahr des Erlasses der Reichsversicherungsordnung und umfangreicher Streiks in ganz Europa, stellt das Geburtsjahr der GVV-Kommunalversicherung dar: Eine schwierige Zeit – kurz vor Ausbruch des 1. Weltkrieges.

Gegründet und getragen durch seine Mitglieder, hat sich die GVV in guten und schlechten Zeiten in einhundert Jahren zu einem verlässlichen Partner aller kommunaler Einrichtungen entwickelt. Die Stärke unserer Kommunalversicherung liegt in der profunden Kenntnis der Arbeit und Aufgaben unserer Mitglieder. Der GVV ist es stets gelungen, potenzielle Risiken und Gefahren frühzeitig zu erkennen, sie zu benennen und passgenauen Versicherungsschutz anzubieten, und zwar immer im Verständnis als Selbsthilfeeinrichtung unserer Mitglieder. Das Besondere an der GVV ist, dass sie den Kommunen tatsächlich „Rundum-Sorglos"-Pakete anbietet. Zudem wartet die GVV bei neu auftretenden Risiken wie zum Beispiel im Bereich der Umweltschadensversicherung nicht gleich mit neuen Produkten gegen separaten Beitrag auf. Dieses Geschäftsmodell hat sich nicht nur bewährt, sondern ist zugleich Garant für eine erfolgreiche Zukunft. Dabei geht es nämlich nicht darum, Beitragswachstum und Expansion um jeden Preis zu erreichen, sondern den Kommunen nur die Produkte anzubieten, die sie tatsächlich auch brauchen – und das zu einem fairen Beitrag.

Die kontinuierlich gewachsene Mitgliederzahl und die damit einhergehenden steigenden Beitragseinnahmen dokumentieren die Richtigkeit unseres Slogans: „Gewachsen aus Vertrauen".

Aber nicht nur in der notwendigen Regulierung von Schäden, die das einzelne Mitglied zu tragen nicht bereit und/oder in der Lage ist, liegt die besondere Leistung der GVV. Auch die konsequente – und für die Betroffenen mitunter schwer zu akzeptierende – Abwehr unberechtigter Forderungen ist eine ihrer wesentlichen Aufgaben. Damit nimmt der Versicherungsverein auf Gegenseitigkeit gemäß dem genossenschaftlichen Prinzip „Einer für alle – alle für einen" seine Verantwortung als Sachwalter der Gesamtinteressen aller Mitglieder sehr

Vorstandsvorsitzender
Wolfgang Schwade

ernst und hat dadurch auch zu einer wichtigen Weiterentwicklung unter anderem der Rechtsprechung beigetragen. In der Geschichte der GVV-Versicherung haben immer wieder spektakuläre Schadensfälle für Aufsehen gesorgt, sei es im Zusammenhang mit der Altlastenproblematik in der Bauleitplanung, dem durch eine stetig ausufernde Rechtsprechung besonders kostenintensiven medizinischen Bereich, den Großschäden bei der Windenergieanlagenzulassung oder der aktuellen Situation auf dem Gebiet der Bankenberatung, wo die BGH-Entscheidungen weitestgehend auf den Anlegerschutz abzielen. Die Mitglieder können sich dank der in der Haftpflichtversicherung bestehenden unbegrenzten Deckung sicher sein, nicht im Regen stehen gelassen zu werden. Dieses Alleinstellungsmerkmal ist ein gewichtiges Argument, mit dem auch und gerade in der Zukunft mit ihren ungewissen Risiken überzeugt werden muss und auf das weder die Mitglieder noch die GVV verzichten dürfen.

100 Jahre GVV sind Anlass, nicht nur unseren Mitgliedern für ihre Treue und unterstützende Begleitung unserer Arbeit zu danken, sondern zugleich das Versprechen abzugeben, auch in Zukunft zum Wohle der kommunalen Familie als Ansprechpartner, Berater und Versicherer ohne Gewinnerzielungsabsicht bereitzustehen. Das gelingt nur, weil eine äußerst kompetente und engagierte Mitarbeiterschaft die Garantie für zuverlässigen Service und qualifizierte Schadenregulierung bietet. Auch dafür sei an dieser Stelle allen, die an der 100-jährigen Erfolgsgeschichte der GVV mitgewirkt haben, ausdrücklich gedankt.

Möglich war diese Leistung vor allem auch wegen der konstruktiven Begleitung durch erfahrene Praktiker, die unserem Aufsichtsrat, dem Vorstandsbeirat und dem ehrenamtlichen Vorstand angehören. Ein herzliches „Dankeschön" allen aktiven und ehemaligen Mitstreitern.

Das vorliegende Jubiläumsbuch möchte nicht nur einen Rückblick in die Geschichte ermöglichen, sondern auch ein Stück der alltäglichen Arbeit in all ihren Facetten darstellen. Der Dank gilt allen, die aktiv am Erscheinen mitgewirkt und sich mit großem Engagement für die Realisierung eingesetzt haben.

Die GVV-Kommunalversicherung sieht zuversichtlich den Herausforderungen und Risiken der nächsten 100 Jahre entgegen.

Den Mitgliedern sei die alte Versicherungsweisheit mit auf den Weg gegeben: „Es ist besser, eine Versicherung zu haben, die man gerade nicht braucht, als eine Versicherung zu brauchen, die man gerade nicht hat."

Ihr

Wolfgang Schwade
Vorstandsvorsitzender

GESAMT			35
Männer		21	
Frauen	14		

WIESBADEN MITARBEITER

Die beiden Standorte

Hauptniederlassung Köln

Geschäftsstelle Wiesbaden

Die beiden Standorte Köln und Wiesbaden

Hauptniederlassung Köln
Aachener Straße 952 – 958
50933 Köln

Geschäftsstelle Wiesbaden
Frankfurter Straße 2
65189 Wiesbaden

Köln

„Hey Kölle, du bes e Jeföhl!" – so besingen auf Kölsch die bundesweit bekannten „Höhner" ihre Stadt Köln am Rhein. Köln, seit 100 Jahren Sitz der GVV-Kommunalversicherung VVaG, hat eine fast 2000 Jahre alte Geschichte. Die Spuren der Römer begegnen einem auf Schritt und Tritt. Als größte Stadt Nordrhein-Westfalens ist Köln nicht nur ein bedeutender Wirtschaftsfaktor, sondern auch attraktive Großstadt inmitten eines der wichtigsten europäischen Verkehrsknotenpunkte, der von 20 Millionen Menschen in einer guten Autostunde erreicht werden kann.

Die Universität Köln ist mit über 63.000 Studenten die größte Universität Deutschlands und auch die Fachhochschule Köln liegt mit rund 20.000 Studenten in Deutschland an der Spitze. Bekannt ist Köln als Wirtschaftsmetropole mit rund einer Million Einwohner, in der neben bedeutenden Unternehmen der Medienbranche vor allem bekannte Versicherer zu Hause sind. Nicht nur wegen seiner geschichtsträchtigen Vergangenheit, sondern auch wegen seiner vielfältigen Kultur-, Sport- und Unterhaltungsangebote ist Köln eine Stadt, in der sich Jung und Alt, Einheimische und Zugereiste, in Köln liebevoll „Imis" genannt, ebenso wohlfühlen wie Menschen unterschiedlichster Nationen, Kulturen und Religionen. Dabei gehört das „Kölsche Grundgesetz" mit seinem ihm eigenen Lebensstil wie „Et kütt wie et kütt" – mach dir keine Sorgen um die

Zukunft – oder „Wat fott es, es fott" – es hat keinen Sinn, Verlorenem nachzujammern – zur rheinischen Lebensart ebenso wie das Kölsch, der „halve Hahn", der 1. FC Köln, der Kölsche Klüngel oder Fastelovend (Karneval). Über 2,3 Millionen Gäste mit mehr als 4 Millionen Übernachtungen, der Kölner Dom, mehr als 40 Museen, eine Vielzahl kultureller Einrichtungen wie Schauspielhaus und Oper, aber auch zahlose Angebote von freien Theatern, Kabaretts, Musikklubs und Bühnen verdeutlichen Kölns Rolle als begehrte Städtedestination sowie Messe- und Kongressstadt. Köln – eine Stadt zum Leben und zum Arbeiten.

||||

Grußwort von Oberbürgermeister Jürgen Roters

Jürgen Roters ist seit dem 21. Oktober 2009 Oberbürgermeister der Stadt Köln.

Sehr geehrte Leserinnen und Leser,

in diesem Jahr kann die GVV-Kommunalversicherung VVaG auf ihr 100-jähriges Bestehen zurückblicken. Als Oberbürgermeister der Stadt Köln gratuliere ich zu diesem stolzen Jubiläum ganz herzlich.

Die GVV-Kommunalversicherung wurde seinerzeit von den rheinisch-westfälischen Gemeinden für ihren eigenen Versicherungsbedarf gegründet, da das Bürgerliche Gesetzbuch zu Beginn des 20. Jahrhunderts mit der unbeschränkten Haftung für schuldhaft rechtswidrige Amtspflichtverletzungen den damaligen Gemeinden zusätzliche besondere Haftungsrisiken bescherte. Aufgrund der erheblichen finanziellen Auswirkungen auf die Gemeinden entstand die Idee einer eigenen Kommunalversicherung, der inzwischen nahezu 7.000 Städte, Gemeinden, Kreise, Kommunale Unternehmen und Verbände sowie kommunale Sparkassen sowohl aus Nordrhein-Westfalen als auch aus anderen Bundesländern als Mitglieder angehören.

Die Stadt Köln ist Sitz vieler namhafter Versicherungsgesellschaften, wobei der GVV-Kommunalversicherung als Spezialversicherung mit hohem Know-how für die Kommunen und kommunalen Unternehmen eine große Bedeutung zukommt. Mit der Gründung der Tochtergesellschaft, der GVV-Privatversicherung AG, im Jahre 1988 wurde von dem Unternehmen ein weiterer zukunftsweisender Schritt vollzogen. Diese bietet sehr erfolgreich Versicherungsprodukte für die Bediensteten und ehrenamtlichen Mandatsträger der Kommunen und kommunalen Unternehmen an. Kurzum: Die GVV-Versicherung ist ein innovatives Unternehmen, das optimal zur Versicherungsstadt Köln passt.

Vom Standort Köln gingen stets wichtige Impulse für das Versicherungswesen aus. So wurde hier schon 1852 die erste Lebensversicherung initiiert und 1882 die erste private Krankenversicherung. Die Sturmversicherung und die Kraftfahrzeugkaskoversicherung wurden hier ebenfalls entwickelt und auch die erste Arbeitslosenversicherung hat in Köln ihren Ursprung.

Oberbürgermeister
Jürgen Roters

Hauptniederlassung Köln

In der Domstadt herrschte von jeher ein günstiges Klima für Versicherungen, also für die kapitale und soziale Absicherung. Dass sich in jüngster Zeit eine Reihe von internationalen Versicherungsunternehmen für Köln entschieden hat, zeigt, dass Köln bis heute eine der größten und attraktivsten Versicherungsmetropolen in Deutschland ist. Darüber hinaus ist unsere Stadt auch ein führendes Ausbildungszentrum für diese Branche.

Alles spricht dafür, dass die Versicherungswirtschaft weiterhin eine interessante Zukunftsperspektive am Standort Köln hat. Ich bin überzeugt davon, dass die GVV-Kommunalversicherung auch in Zukunft einen Beitrag für die Weiterentwicklung des Wirtschafts- und Versicherungsstandortes Köln leisten wird.

Ich wünsche dem Unternehmen für die Zukunft viel Erfolg und ein freudiges und harmonisches Jubiläumsfest.

Ihr

Jürgen Roters
Oberbürgermeister der Stadt Köln

	Köln	Wiesbaden
Bundesland	Nordrhein-Westfalen	Hessen
Landkreis	Kreisfreie Stadt	Kreisfreie Stadt
Fläche	405,16 km²	203,9 km²
Einwohner	1.000.660	276.955
Bürgermeister	Oberbürgermeister Jürgen Roters	Oberbürgermeister Dr. Helmut Müller

||||

Wiesbaden

Wiesbaden, Landeshauptstadt und zweitgrößte Stadt Hessens, ist eines der ältesten Kulturbäder Europas mit 14 heißen Thermal- und Mineralquellen, die schon seit der Römerzeit genutzt werden. Rund 300.000 Menschen leben in dieser grünen Stadt im Herzen des Rhein-Main-Gebiets. Soeben hat Wiesbaden nach einer Analyse des „manager magazin" (3/2011) den ersten Platz im Immobilien-Ranking belegt: Hier besteht die Chance auf die besten Renditen für Mehrfamilienhausinvestoren.

Die Stadt Wiesbaden rechnet sich mit ihren einzigartigen Bauten aus der zweiten Hälfte des 19. Jahrhunderts als „Stadt des Historismus" Chancen aus, Weltkulturerbestadt zu werden. Auch das traditionsreiche Kurwesen mit dem über 100 Jahre alten Kurhaus spielt dabei eine wichtige Rolle. Hier findet im jährlichen Wechsel die Mitgliederversammlung der GVV-Kommunalversicherung VVaG statt. Zudem ist das Kurhaus Sitz des legendären Kasinos, das als Vorlage für Fjodor Dostojewskis Roman „Der Spieler" diente.

Der Wiesbadener Standort der GVV befindet sich im „Haus der kommunalen Selbstverwaltung", das 2006 in Teilen der ehemaligen Räume der hessischen Staatskanzlei, der Villa Rettberg, gemeinsam mit dem Hessischen Städtetag und dem Hessischen Landkreistag errichtet wurde. Seine Lage am „Warmen Damm", direkt am Kurpark, gehört zu den privilegierten Standorten der hessischen Landeshauptstadt. Die GVV-Geschäftsstelle wird seit dem 1. Januar 1969 in Wiesbaden betrieben, nachdem der Zusammenschluss mit dem Kommunalen Schadenausgleich Hessen erfolgte, der bereits seit 1953 in einer klassizistischen Villa in der Gustav-Freytag-Straße residierte. Von hier aus wird neben der Schadenbearbeitung der Mitgliederberatungsdienst betreut und eine Servicestelle für die GVV-Privatversicherung betrieben. Zuständig ist die Wiesbadener

Geschäftsstelle Wiesbaden

„WIESBADEN IST AUCH EIN PROMINENTER VERSICHERUNGS- UND VERWALTUNGSSTANDORT UND [...] WICHTIGER ARBEITSPLATZ FÜR RUND 125.000 BESCHÄFTIGTE."

Geschäftsstelle für die Mitglieder in Hessen und in den rheinland-pfälzischen Landkreisen aus den ehemaligen Regierungsbezirken Koblenz und Montabaur.

Wiesbaden ist auch ein prominenter Versicherungs- und Verwaltungsstandort (u.a. Bundeskriminalamt, Statistisches Bundesamt) und vor allem als Dienstleistungszentrum wichtiger Arbeitsplatz für rund 125.000 Beschäftigte. Wer die mondänen Geschäfte an der Wilhelmstraße sieht, wundert sich nicht, dass die Kaufkraft Wiesbadens deutlich über dem Bundesdurchschnitt liegt.

Das vielfältige Kulturleben der Stadt mit Hessischem Staatstheater, Museum Wiesbaden, Kulturzentrum Schlachthof, Kurhaus, Rheingau Musikfestival und einem reichhaltigen Reigen hochkarätiger Veranstaltungen wie dem internationalen Wiesbadener Pfingstturnier, den Maifestspielen, der Rheingauer Weinwoche, dem Stadtfest oder dem Sternschnuppenmarkt in der Adventszeit lässt keine Langeweile aufkommen. So lässt es sich bei Handkäs und Speierling Apfelwein in einem „Gerippten" gut leben im „Nizza des Nordens".

Alte Geschäftsstelle Wiesbaden, Gustav-Freytag-Str. 16

Grußwort von Oberbürgermeister Dr. Helmut Müller

Dr. Helmut Müller ist seit dem 2. Juli 2007 Oberbürgermeister der Landeshauptstadt Wiesbaden.

Man wird sich auf keine Abenteuer einlassen, sondern immer auf die Karte Sicherheit setzen – des minimalen Risikos wegen. Mein herzlicher Gruß gilt dem Vorstand, den Mitarbeitern und Mitarbeiterinnen und allen Teilnehmern des Festaktes zum 100-jährigen Jubiläum der GVV-Kommunalversicherung.

Gäbe es die GVV nicht schon – sie müsste schleunigst erfunden werden! Schließlich unterliegen die Städte und Gemeinden mittlerweile kaum noch zu überschauenden Risiken – oft mit erheblichen finanziellen Folgen und Forderungen.

Der Schritt, eine Mitgliederversicherung für die Städte, Kreise und Gemeinden zu gründen, die auch kommunale Unternehmen und Sparkassen einschließt, war ohne Frage sehr weitsichtig. Die Idee, durch eine Selbstversicherung die Risiken als Solidargemeinschaft, die ohne Gewinnstreben agiert, abzusichern, ist nach wie vor ein Erfolgsmodell. Nicht zuletzt, weil den Mitgliedern ein sehr hohes Maß an Mitbestimmungsrechten eingeräumt wird.

Wiesbaden ist seit der Übernahme des Kommunalen Schadenausgleich Hessen durch den Versicherungsverband Mitglied und hat in vielen Fällen von der langjährigen Erfahrung und dem profunden Fachwissen der Mitarbeiterinnen und Mitarbeiter profitiert. Gerade weil es eben auch Sondergefahren gibt, die sich aus dem Betrieb von Mülldeponien, dem öffentlichen Nahverkehr oder aus dem Bereich Umweltschutz ergeben, ist dieses Expertenwissen eine große Hilfe – übrigens nicht erst, wenn das Kind in den Brunnen gefallen ist, sondern auch bereits in der Prävention.

Ich danke allen, die in den vielen Jahren unserer Mitgliedschaft in der GVV durch ihr aktives Handeln und ihre Beratung einen Beitrag dazu geleistet haben, dass wir uns in allen Fragen der Schadensregulierung nicht auf Abenteuer einlassen mussten, sondern auf die Karte Sicherheit setzen konnten – des möglichst minimalen Risikos wegen.

Oberbürgermeister
Dr. Helmut Müller

Dr. Helmut Müller
Oberbürgermeister der Stadt Wiesbaden

GVV-Historie

Die Unternehmenshistorie

100 Jahre Kommunalversicherung – ein freudiger Anlass zurückzublicken

Bereits vor mehr als 100 Jahren – nämlich im Jahre 1907 – haben die kommunalen Spitzenverbände mit den Gründungsverhandlungen begonnen. Damals wurde die Gründung eines „Zweckverbandes für die Gemeinden der Provinz Westfalen für Haftpflicht auf Gegenseitigkeit" angeregt. Doch schon schnell war man sich einig, dass sich eine derartige Einrichtung nicht auf die Provinz Westfalen beschränken dürfe, sondern auch die Rheinprovinz umfassen müsse. So erhielt der Verband Rheinisch-Westfälischer Gemeinden e.V. Cöln (VRWG, der spätere Preußische Landgemeindetag West e.V.) 1908 den Auftrag zur Gründung eines Haftpflichtverbandes der Gemeinden.

Den Vorsitz der Gründungskommission übernahm Amtmann Karl Berkermann aus Eickel, Schriftführer war der jeweilige Generalsekretär des VRWG, bis März 1910 Dr. Sperling, danach Bürgermeister a. D. Aloys Kuth. Als technischen Sachverständigen berief man Prof. Dr. Moldenhauer, Handelshochschule Cöln. Die Verhandlungen der Gründungskommission, unter anderem mit dem Kaiserlichen Aufsichtsamt für Privatversicherungen und den beiden Provinzialverwaltungen, zogen sich über drei Jahre hin und fanden in Köln, Berlin, Stuttgart, Koblenz und Minden statt. Schließlich richtete der VRWG eine Denkschrift an die „hohen Landtage der Provinzen Rheinland und Westfalen", in der um eine jeweilige Garantieübernahme von 25.000 Reichsmark gebeten wurde, die als Genehmigungsvoraussetzung des Aufsichtsamtes gefordert wurde. Diesem Antrag wurde entsprochen, so dass der Weg für die Gründung geebnet war.

Am 20. Juni 1911 war es dann soweit: In der guten Stube Kölns – dem Gürzenich – fand die Gründungsversammlung statt.

Vertreter aus den kommunalen Spitzenverbänden sowie die Oberbürgermeister und Bürgermeister der Städte und Gemeinden signierten den Gründungsvertrag des „Haftpflichtverbandes Rheinisch-Westfälischer Gemeinden, Versicherungsverein auf Gegenseitigkeit in Cöln". Die von den Provinzen eingeräumten Garantien wurden übrigens lediglich in Höhe von je

- 1911 **Gründungsversammlung**
  des Haftpflichtverbandes Rheinisch-Westfälischer Gemeinden, Versicherungsverein auf Gegenseitigkeit in Cöln

- 1935/1936 **Bau des ersten eigenen Verwaltungsgebäudes**

- 1912 **Untergang der Titanic**
  bei der Jungfernfahrt im Nordatlantik

- 1927 **Überquerung des Atlantiks**
  durch Charles Augustus Lindberg

2.000 Reichsmark für den ersten Betriebsmittelfonds in Anspruch genommen. Während die Gründungssatzung zunächst nur die Mitgliedschaft von Gemeinden vorsah, wurde 1913 durch eine Satzungsänderung auch den Landkreisen die Mitgliedschaft ermöglicht. Die Verwaltung des Verbandes wurde zunächst durch den VRWG geführt. Ab dem 1. Januar 1926 übernahm dann ein eigener hauptamtlicher Vorstand die Geschäftsführung des Verbandes. Die Unterbringung erfolgte zunächst in den vom VRWG genutzten Räumen zur Miete. 1937 konnte dann das erste verbandseigene Verwaltungsgebäude in Köln-Riehl erworben werden, das jedoch durch einen Bombenangriff am 21. April 1944 vollständig zerstört wurde.

Die Gründung des Verbandes geht zurück auf den durch das Reichshaftpflichtgesetz vom 7. Juni 1871 ausgelösten Haftpflichtversicherungsgedanken, der Versicherungsschutz gegen Inanspruchnahme durch Dritte aufgrund möglicher Schadensersatzansprüche bieten sollte. Schon frühzeitig stellte sich heraus, dass der übliche Versicherungsschutz der herkömmlichen Haftpflichtversicherer nicht die spezifische Risikosituation der Kommunen hinreichend abdeckte. Durch das Inkrafttreten des Bürgerlichen Gesetzbuches zum 1. Januar 1900 verschärfte sich diese Situation, so dass in der Folgezeit unterschiedliche Zusammenschlüsse kommunaler Einrichtungen (u.a. 1904 die Haftpflichtgemeinschaft Deutscher Straßen- und Kleinbahnen, Berlin, die heutige Haftpflichtgemeinschaft Deutscher Nahverkehrsbetriebe, Essen, 1910 Haftpflichtgemeinschaft Deutscher Städte, der heutige Kommunale Schadenausgleich Westdeutscher Städte, Bochum) entstanden. Durch die Gründung des Haftpflichtverbandes Rheinisch-Westfälischer Gemeinden als Versicherungsverein auf Gegenseitigkeit wählte man bewusst eine Rechtsform, die dem Solidargedanken Rechnung trug, und bei der die Gemeinnützigkeit zugunsten der einzelnen Mitglieder im Vordergrund steht. Der Gothaer Kaufmann Ernst-Wilhelm Arnoldi gilt in Deutschland als der Pionier dieses Gedankens, getreu dem Motto: Einer für alle, alle für einen. Die

- 1944 **Zerstörung des Verwaltungsgebäudes** durch Kriegseinwirkungen im zweiten Weltkrieg
- 1950 **Mitglied im AKHA**
- 1952 **Wiederaufbau** des Verwaltungsgebäudes „An der Flora"
- 1961 **Fünfzigjähriges Bestehen** des Versicherungsverbandes für Gemeinden und Gemeindeverbände VVaG
- 1942 **Casablanca** mit Humphrey Bogart und Ingrid Bergmann
- 1954 **Fußballweltmeister** Die deutsche Nationalmannschaft wird erstmals Weltmeister

Idee der gegenseitigen Hilfe ist die Grundlage dieser Versicherungsform. Nur durch eine starke Gemeinschaft können Lasten getragen werden, die den einzelnen überfordern würden. Immanent ist diesem Prinzip auch, dass das einzelne Mitglied, der Versicherungsnehmer, quasi (Mit-)Eigentümer des Vereins ist. Das hat zur Folge, dass erzielte Überschüsse im Unternehmen verbleiben oder den Mitgliedern rückerstattet werden. Korrelierend dazu tragen die Mitglieder auf der anderen Seite auch das wirtschaftliche Risiko.

VVaGs orientieren sich mit ihren Produkten und Deckungskonzepten zuvörderst an den Bedürfnissen ihrer Mitglieder. Dadurch werden Kundennähe, Innovationskraft, Kreativität und Vertrauen gefördert – immer zum Wohle der Kunden, der Mitglieder.

Bereits 1820 hat Freiherr vom Stein über die kommunale Selbstverwaltung gesagt: „Zutrauen veredelt den Menschen!"

Wie sich die GVV als Versicherungsverein auf Gegenseitigkeit im Laufe ihrer hundertjährigen Geschichte entwickelt hat, ist den wesentlichen Daten auf dem Zeitstrahl zu entnehmen.

An dieser Stelle soll ein besonderer Abschnitt der GVV-Geschichte, der zehnjährige Wiederaufbau nach dem Ende des 2. Weltkrieges, gesondert geschildert werden.

In der Nacht zum 21. April 1944 wurde das Geschäftshaus des Verbandes durch eine schwere Phosphorbombe zerstört und brannte bis auf wenige Unterlagen, die im Luftschutzkeller aufbewahrt wurden, restlos aus. Leider ist dies auch mit ein Grund dafür, dass aus den Gründungsjahren nur noch fragmentarische Unterlagen über die Entwicklung der GVV vorhanden sind.

Gegen Kriegsende war der Verband organisatorisch zwar noch erhalten – seine drei Organe Hauptversammlung, Aufsichtsrat und Vorstand existierten

- **1969 Zusammenschluss**
  mit dem Kommunalen Schadenausgleich Hessen mit Sitz in Wiesbaden bezogen auf die Haftpflichtversicherung.
  Eröffnung Standort Wiesbaden
  Gustav-Freytag-Straße 16

- **1974 Aufnahme**
  der Sachversicherung und Vermittlung der technischen Versicherungen

- **1980 Zusammenschluss**
  aller deutschen Kommunalversicherer zur Bundesarbeitsgemeinschaft Deutscher Kommunalversicherer (BADK)

- **1963 Élysée-Vertrag**
  Konrad Adenauer und Charles de Gaulle

- **1972 Literatur Nobelpreis**
  für Heinrich Böll

- **1982 Helmut Kohl**
  wird Bundeskanzler

noch –, allerdings war es technisch unmöglich, eine Hauptversammlung einzuberufen. Zudem mussten die Aufsichtsratsmitglieder wegen ihrer Stellung im Dritten Reich auf Befehl der Besatzungsmacht entlassen werden. Es wurde zunächst versucht, mit den wenigen noch verbliebenen Mitarbeitern an verschiedenen Stellen in Köln die Geschäfte weiterzuführen, bis es schließlich gelang, im Rathaus in Bergisch Gladbach zwei kleine Räume und in der Stadt Bensberg ein Zimmer in einem Café als Geschäftsräume einzurichten.

Der Vorstand bestand aus den beiden Vorstandsmitgliedern Amtmann a. D. Georg von Wehren und dem Geschäftsführenden Direktor Dr. Josef Schulte. Vorhanden waren noch die Guthaben bei den einzelnen Sparkassen. Es war eigentlich verwunderlich, dass es bei all den Schwierigkeiten, Fehlüberweisungen, Verlegungen von Kassenräumen usw. gelang, die einzelnen Gelder richtig zu verbuchen. Eine auch nur einigermaßen produktive Arbeit war weitgehend ausgeschlossen. Mitarbeiter, die bis Kriegsende beim Verband tätig gewesen waren, mussten ihren Dienst aufgeben, weil es nahezu umöglich war, von Köln nach Bergisch Gladbach zu gelangen. An eine Rückkehr nach Köln war bei der Totalzerstörung des Geschäftshauses nicht zu denken.

Von 17 zu Beginn des Krieges beschäftigten Mitarbeitern verlor der Verband vier. Von den übrigen Mitarbeitern fehlte zunächst jede Spur. Man wusste nur, dass einer im Westen in Gefangenschaft geraten war.

Weitere harte Schläge trafen den Verband durch politische Maßnahmen: Die saarländischen Gemeinden, die nach der Abstimmung vor dem Krieg wieder Mitglieder des Verbandes geworden waren, und die Gemeinden der Kreise Eupen und Malmedy, die während des Krieges 1940 Mitglied waren, schieden aus der Versichertengemeinschaft aus, ebenso einige Gemeinden an der holländischen Grenze. Kurzum, die Lage des Verbandes war in jeder Beziehung schwierig: keine Arbeitsräume, kein eingearbeitetes Personal und keine Möbel. Ja, nicht einmal Papier war vorhanden.

- 1983/ 1984 **Bau einer neuen Hauptverwaltung** im neuen Verwaltungsgebäude Köln-Junkersdorf, Aachener Straße 1040

- 1988 **Gründung** der „GVV-Kommunalbediensteten-Versicherung Aktiengesellschaft" – GVV-KBV AG – als Tochterunternehmen

- 1990 **Gründung** Kommunaler Schadenausgleich für die Kommunen der neuen Bundesländer

- 1986 **75. Geburtstag der GVV** im Kölner Gürzenich

- 1989 „**Golden Slam**" Steffi Graf gewinnt alle Grand Slams sowie das Olympische Tennisturnier

- 1989 **Fall der Berliner Mauer** Die DDR öffnet ihre Grenzen

Angesichts der schwierigen Lage sah sich Direktor Dr. Schulte im Dezember 1945 veranlasst, einige Mitglieder, von denen er annahm, dass ihnen ein Dienstwagen ihrer Verwaltung zur Verfügung stand, zu einer Besprechung nach Bergisch Gladbach zu bitten, um dort die Frage zu diskutieren, ob man den Verband auflösen oder weiterführen solle. Wenn auch dieser Besprechung keine satzungsrechtliche Bedeutung zukam, so war doch das Ergebnis, den Verband weiterzuführen, Auftrag für alle Beteiligten. Nach langen Verhandlungen mit dem damaligen Registerrichter wurde der Aufsichtsrat mit drei Mitgliedern neu gegründet. In der Zwischenzeit waren drei Mitarbeiter aus der Gefangenschaft bzw. aus dem Lazarett zurückgekehrt, so dass die Geschäftsberichte für die Geschäftsjahre 1943 und 1944 erstellt werden konnten.

Nachdem die Post nach Auflösung des Landes Preußen Bedenken hatte, Briefe an den Preußischen Versicherungsverband zu befördern, musste eine Namensänderung beschlossen und eingetragen werden. Vorstand und Aufsichtsrat entschieden, eine Rückverlegung nach Köln vorzunehmen. Es war allerdings außerordentlich schwer, von außerhalb ein Bauvorhaben in Köln umzusetzen, was aber dann schließlich doch in Angriff genommen und 1949 vollendet werden konnte.

Die Währungsreform am 20.6.1948 führte zu einer Abwertung des Gesamtguthabens des Verbandes von 2.872.164 Reichsmark auf 181.362 D-Mark. Später erfolgte dann entsprechend den währungsgesetzlichen Bestimmungen nach durchgeführter Prüfung durch das Bundesaufsichtsamt für das Versicherungs- und Bausparwesen eine sogenannte vorläufige Bruttobestätigung der Umstellungsrechnung, bei der dem Verband Ausgleichsforderungen in Höhe von 1.467.798 D-Mark zugeteilt wurden. Diese konnten aber schon deshalb keinen vollwertigen Ersatz für das verlorene Vermögen bedeuten, weil sie eben nur Forderungen an das Land darstellten, die mit einem außerordentlich niedrigen Zinssatz verzinst waren und noch ständig Änderungen je nach Abwicklung der Schäden unterlagen.

- **1991** **Aufbau** des Beratungsdienstes für die Mitglieder
- **1995** **Öffnung der GVV-KBV AG** für ehrenamtliche Mandatsträger
- **1995** **Gründung** der Regionalbeiräte
- **1998** **Umfirmierung:** in „GVV-Kommunalversicherung VVaG" und in „GVV-Privatversicherung AG"
- **2001** **Umzug** von Köln-Junkersdorf in das heutige Verwaltungsgebäude in Köln-Müngersdorf

- **1995** **Verhüllung des Berliner Reichstags** durch Christo
- **1997** **Oderflut** Diese Flut fördert den Zusammenhalt der Bevölkerung
- **2000** **Millennium** Die ganze Welt feiert rund um den Erdball

Am 10.8.1948 konnte der Verband dann seine erste Hauptversammlung nach dem Krieg in Bad Godesberg durchführen, auf welcher der Aufsichtsrat nach dem früheren Verteilungsschlüssel neu gebildet wurde. Dieser Aufsichtsrat ernannte anschließend den neuen Vorstand, die Herren Dr. Heinrich Claes, Dr. Walter Odenbreit und Dr. Josef Schulte. Damit war der Verband organisatorisch wiederhergestellt.

In den Jahren 1949/50 entstanden lange Diskussionen und Verhandlungen über die Frage, ob nicht der Verband als juristische Person zu liquidieren sei und sich die Mitglieder zu einem Schadenausgleich zusammenschließen sollten. Letzten Endes aber setzte sich der Gedanke der Versicherung gegenüber dem eines Umlageverbandes durch, so dass es bei der Organisationsform eines Versicherungsvereins auf Gegenseitigkeit blieb, eine – wie die weitere Geschichte der GVV zeigte – kluge und weitsichtige Entscheidung.

In den Folgejahren wurden wesentliche Änderungen der Satzung und der Versicherungsbedingungen vorgenommen. So konnten auch sonstige öffentliche Körperschaften, Zweckverbände und wirtschaftliche Vereinigungen aus diesen Körperschaften Mitglieder des Verbandes werden, wenn sich mehr als 50 Prozent des Kapitals in kommunaler Hand befand. Die Bedingungen für die allgemeine Haftpflichtversicherung wurden dahingehend geändert, dass für Personen-, Sach- und Vermögensschäden die unbegrenzte Deckung eingeführt wurde, eine bis heute bestehende Besonderheit der Kommunalversicherer.

Das Anwachsen des Geschäfts und die Herausforderungen der Haftpflichtschadensregulierung erforderten eine Ausweitung des Personals. Die ursprünglich bezogenen Geschäftsräume in Köln reichten für mittlerweile 33 Mitarbeiter nicht mehr aus, und der Aufsichtsrat beschloss 1953, an der alten Stelle (An der Flora 27) ein neues Verwaltungsgebäude zu errichten. Es konnte im Mai 1954 bezogen werden. Damit vollendete der Verband rund zehn Jahre nach dem Ende des 2. Weltkrieges seinen inneren und äußeren Wiederaufbau.

- 2002 **Umstellung auf den Euro**
  166,3 Mio. Euro Beitragsaufkommen (Konzern)

- 2006 **Ausweitung des Geschäftsgebietes**
  auf die gesamte Bundesrepublik

- 2006 **Umzug der Geschäftsstelle Wiesbaden**
  in das neue Verwaltungsgebäude (Frankfurter Straße 2)

- 2008 **Beschluss der Hauptversammlung von GVV-Privat**
  über die Satzungserweiterung des versicherbaren Personenkreises um die Mitglieder der Freiwilligen Feuerwehren

- 2008 **Weltwirtschaftkrise**
  Das Finanzinstitut Lehman Brothers meldet Insolvenz an

- 2010 **Eurovision Song Contest**
  Lena Meyer-Landrut gewinnt das Finale

- 2011 **Hundertjähriges GVV-Jubiläum**
  Die GVV-Kommunalversicherung feiert im Gürzenich zu Köln

*1926
DR. ROLF-DIETHER BRINKMANN

1951 Sachbearbeiter Haftpflichtschaden
1953 Abteilungsleiter Eigenschadenversicherung
1957 hauptamtlicher Vorstand
1971 bis 1991 Vorstandsvorsitzender

* 1929
GÜNTER MÜLLER

1961 Sachbearbeiter Schaden
1963 Abteilungsleiter Schaden
1978 Vorstandsmitglied
1987 Stellvertretender Vorstandsvorsitzender
1991 bis 1994 Vorstandsvorsitzender

* 1940
DR. EGON PLÜMER

1989 hauptamtlicher Vorstand
1994 bis 2005 Vorstandsvorsitzender

GVV-Zeitzeugen

Die ehemaligen Vorstandsvorsitzenden erinnern sich

Interviews mit Dr. Rolf-Diether Brinkmann, Günter Müller und Dr. Egon Plümer

Welche großen Herausforderungen mussten Sie in Ihrer Amtszeit meistern?

Dr. Rolf-Diether Brinkmann Der Wiederaufbau der Arbeit des Kommunalversicherers nach dem Zweiten Weltkrieg und nach der Währungsreform von 1948 stellte die zentrale Herausforderung dar, ebenso wie die Lösung vieler durch Kriegsfolgeschäden bedingter neuer Haftungs- und Rechtsfragen.

Ohne den Auf- und Ausbau von Datenverarbeitung und modernem Rechnungswesen wären Versicherungsdienstleistungen nicht vorstellbar. Hinsichtlich der Mitgliederstrukturen war die Aufnahme aller saarländischen Kommunen als Mitglieder nach der wirtschaftlichen Rückgliederung des Saarlandes ein Meilenstein. Außerdem mussten die hessischen Kommunen nach dem Zusammenschluss mit dem Kommunalen Schadenausgleich Hessen mit dem Ziel der Bildung einer größeren kommunalen Versicherungseinrichtung mit deutlich verbesserter Ausgleichs- und Finanzbasis im Interesse aller beteiligten Kommunen als Mitglieder aufgenommen werden.

Hinsichtlich der Produktentwicklung forderte uns vor allem die Aufnahme neuer Versicherungszweige wie zum Beispiel die Eigenschaden-Versicherung für Gemeinden und Gemeindeverbände, die Personalgarantie-Versicherung für Sparkassen sowie der gesamte Bereich der Sachversicherung.

Um die Bedeutung der Kommunalversicherer in Deutschland zu steigern, setzte sich gerade auch die GVV für die Gründung der Bundesarbeitsgemeinschaft Deutscher Kommunalversicherer (BADK) ein, die auch die BADK-Information für alle Mitglieder kommunaler Versicherungseinrichtungen herausgibt.

Ein besonderer Höhepunkt war die Errichtung der GVV-Kommunal-Bediensteten-Versicherung als hundertprozentige Tochtergesellschaft der GVV mit der Aufnahme des Geschäftsbetriebes 1989.

Günter Müller Obwohl es viele und immer wieder neue Herausforderungen während meiner Amtszeit gab, ist es schwierig, sechzehn Jahre nach dem Ausscheiden aus dem Dienst bei der GVV an alle Aufgaben zu erinnern. Einige sind allerdings im Gedächtnis geblieben.

So erinnere ich mich, dass ich im Jahre 1963 mit dem Aufbau einer fortlaufenden Entscheidungssammlung für die GVV begonnen und sie viele Jahre selbst vervollständigt und betreut habe. Sie wird immer noch aktualisiert und enthält heute über fünfzehntausend Entscheidungen.

Im Zuge des Auf- und Ausbaus der Datenverarbeitung stand für meinen Bereich die Umstellung aller bis dahin manuell geführten Haftpflichtschadenakten in die

„Der Wiederaufbau der Arbeit des Kommunalversicherers nach dem Zweiten Weltkrieg und nach der Währungsreform von 1948 stellte die zentrale Herausforderung dar, ebenso wie die Lösung vieler durch Kriegsfolgeschäden bedingter neuer Haftungs- und Rechtsfragen."

Dr. Rolf-Diether Brinkmann

Datenverarbeitung im Vordergrund, was allein wegen der Menge der noch offenen Altschäden einer erheblichen Kraftanstrengung mit großem Zeitaufwand bedurfte.

An der Erfüllung der Aufgaben der 1978 gegründeten Bundesarbeitsgemeinschaft Deutscher Kommunalversicherer (BADK) konnte ich bis zu meinem Ausscheiden mitwirken und auch viele Beiträge zu der seit 1981 herausgegebenen Zeitschrift der Bundesarbeitsgemeinschaft, der BADK-Information, beisteuern.

Zu den herausragenden Aufgaben des Vorstands während meiner Zeit gehörte sicherlich die Suche nach einem Grundstück für ein neues Verwaltungsgebäude. Diese Suche dauerte mehrere Jahre, bis der Grundstückskauf für den Neubau des Verwaltungsgebäudes in Köln-Junkersdorf (1981 – 1984) erfolgen konnte. Der Umzug erfolgte Ende 1984. Endlich konnten die viel zu engen und technisch oft nur behelfsmäßig ausgestatteten Räumlichkeiten „An der Flora" gegen zeitgemäße Büros in Köln-Junkersdorf eingetauscht werden.

Ganz besondere Bedeutung hatte die Gründung der „GVV-Kommunalbediensteten-Versicherung Aktiengesellschaft", die 1989 ihren Geschäftsbetrieb aufnahm. Die damit verbundenen zusätzlichen Aufgaben, wie zum Beispiel die Übertragung aller Verträge auf die neue Gesellschaft, überstiegen fast die Kräfte der damals nur zwei hauptamtlichen Vorstandsmitglieder und aller Mitarbeiterinnen und Mitarbeiter der GVV, aber sie wurden gemeistert.

Um den in vielen Fällen von den Kommunen erwünschten kostengünstigeren Einsatz privater Fahrzeuge der Kommunalbediensteten für dienstliche Zwecke zu erleichtern, habe ich die sogenannte Rabattverlustversicherung entwickelt. Sie ersetzt den Rabattverlust, den die Kommunalbediensteten infolge eines Schadens auf einer Dienstfahrt durch die sich über Jahre auswirkende Beitragsrückstufung erleiden. Diese Rabattverlustversicherung konnte die GVV 1990 als erster Kommunalversicherer einführen.

Auch grundsätzliche Gesetz- und Rechtsentwicklungen während meiner Berufszeit können als herausragend eingestuft werden. Das damals eingeführte und später aufgehobene „Staatshaftungsgesetz" und das „Umwelthaftungsgesetz" machten es notwendig, den Versicherungsschutz entsprechend zu gestalten und die Mitglieder der GVV durch viele Informations- und Aufklärungsveranstaltungen vor Ort mit der neuen Rechtslage und den Versicherungsmöglichkeiten vertraut zu machen.

Dr. Egon Plümer Als Erstes fallen mir hier ein: Die Grundstücksbeschaffung, die Erstellung und der

Umzug in das heutige Verwaltungsgebäude, Aachener Str. 952 – 958 (2001).

Wir mussten damals unser Verwaltungsgebäude in Köln-Junkersdorf verlassen, weil das benachbarte Unternehmen RTL mehr Raum benötigte und der Stadt mit Wegzug drohte. Allein ein passendes Grundstück zu finden, das unseren Vorstellungen und denen der Mitglieder genügte, war eine wirkliche Herausforderung. Der Verkauf des alten Grundstücks und natürlich auch der Kauf des neuen mussten geregelt werden. Dabei war wichtig, dass die finanziellen Möglichkeiten und Vorgaben erfüllt wurden, aber auch, dass der Neubau die aktuellen und zukünftigen technischen Anforderungen erfüllte sowie verkehrsmäßig günstig zu erreichen ist.

Bezogen auf das Versicherungswesen fiel in meine Amtszeit auch die Beendigung des Kooperationsabkommens zwischen der Provinzial Feuerversicherungsanstalt der Rheinprovinz und der Westfälischen Feuersozietät. Wir konnten die Tarife günstiger kalkulieren und anbieten. Dadurch lösten wir bei unseren Mitgliedern eine große Nachfrage aus.

Die bei uns reibungslos verlaufene Euro-Umstellung erzeugte ein notwendiges Umdenken, hier besonders bei der Eigenschadenversicherung (2002).

Wir gründeten 1992 die Regionalbeiräte, um deren praktische Erfahrungen mit in unsere Überlegungen einzubringen, aber auch, um Beratungsergebnisse und Informationen aus unserem Hause in die Kommunen zu transportieren. Die Erkenntnisse aus den Regionalbeiräten waren für mich auch ein Grund, 1990/91 den Beratungsdienst zu etablieren. Durch meine Erfahrung als Landrat war mir bewusst, wie wichtig die persönliche Beratung der Kommunen insbesondere in Schadensfällen ist.

Ebenfalls aus den Zusammenkünften der Beiräte und durch meine Tätigkeit als Landrat wusste ich, wie notwendig für die Kommunen eine Beihilfe-Ablöse-Versicherung ist, die wir dann auch Ende der neunziger Jahre den Kommunen anbieten konnten. Ähnlich verhält es sich mit den von den Gebietskörperschaften zu tragenden Versorgungslasten für die Pensionäre. In den Kommunen besteht nur eine begrenzte finanzielle Vorsorge, so dass die bestehenden Umlageverfahren oder eine direkte Finanzierung aus dem Haushalt alleine nicht mehr ausreichen, nun die Versorgungslasten zu tragen. So gründeten wir 2003 die GVV-Beamtenpensionskasse VVaG. Deren Betrieb mussten wir jedoch nach vier Jahren wieder einstellen, weil die Finanzsituation der Kommunen sich weiter verschlechterte und damit das Interesse an dem Angebot der GVV-Beamtenpensionskasse nicht mehr gegeben war.

Wegen der zunehmenden Diversifizierung der Aufgaben in unserem Kommunalgeschäft lag mir während meiner Amtszeit zum einen die Qualifizierung der Mitarbeiterinnen und Mitarbeiter sehr am Herzen. Zum anderen war es für mich auch wichtig, kommunale Verwaltungsfachleute in unsere Überlegungen und Arbeitsabläufe einzubeziehen. Dies galt insbesondere für das Haftpflichtgeschäft, bei dem häufig erst nach langwierigen Gerichtsprozessen die Ansprüche geklärt werden.

Was hat Ihnen an Ihrer Arbeit bei der GVV besondere Freude bereitet?

||||

Dr. Rolf-Diether Brinkmann   Neben der Zusammenarbeit mit den Kommunen sowie den kommunalen Spitzen- und Fachverbänden sind hier die gute Kooperation mit dem Aufsichtsrat in seiner wechselnden Zusammensetzung und die Zusammenarbeit im Vorstandskollegium zu nennen.

Die Gewinnung und Wiedergewinnung sehr vieler Kommunen als Mitglieder, die noch nicht oder – in Einzelfällen – noch nicht wieder Mitglied des Verbandes waren, haben mich als Vorstandsvorsitzenden stark gefordert.

Mir persönlich haben die Fülle von Veröffentlichungen zu Fragen des Kommunalen Rechts, insbesondere des Haftungsrechts, in den Zeitschriften der kommunalen Spitzenverbände, in Monographien und Kommentaren sowie gegen Ende meiner Dienstzeit zum Thema Altlastenproblematik – in Zusammenarbeit mit Prof. Dr. Peter J. Tettinger von der Ruhr-Universität Bochum – große Freude bereitet.

Insgesamt war für mich die spezielle Arbeit eines Kommunalversicherers im Interesse der kommunalen Selbstverwaltung und damit der Bürgerinnen und Bürger immer faszinierend.

||||

Günter Müller   Die gesamte Arbeit hat mir vom Anfang meiner Tätigkeit bis zum Ausscheiden gefallen. Ich habe sie gern gemacht. Ausgefallene Schäden wie bei dem Kunstobjekt „Badewanne von Beuys" – um nur einen Schaden zu nennen, den ich selbst bearbeitet habe –, haben die Arbeit besonders interessant gemacht. Sehr amüsant war es, beim OLG Düsseldorf Anwälte über Kunst streiten zu hören.

Über allem stand die Genugtuung, dass die ausgeübte Tätigkeit auch Sinn für andere hatte, nämlich nach Auswertung eingetretener Schadensfälle und der Rechtsprechung Schadensmöglichkeiten zu erkennen und durch Beratung der Kommunen bei der Schadenverhütung mitzuwirken.

||||

Dr. Egon Plümer   Die vorgefundene und selbst gestaltete Arbeitsatmosphäre, die Vielseitigkeit der zu bearbeitenden Themen aus den verschiedensten Aufgabenstellungen der Kommunen.

„Mit dem Wissen von heute würde ich sicherlich einiges anders machen. Aber ich erkenne nichts Wesentliches, was aus der damaligen Sicht in der damaligen Zeit hätte anders gemacht werden müssen."

Günter Müller

Was würden Sie mit Ihrem Wissen von heute anders machen bzw. entscheiden?

||||

Dr. Rolf-Diether Brinkmann Ich neigte dazu, gute Arbeit der Mitarbeiterinnen und Mitarbeiter für selbstverständlich zu halten und habe vielleicht zu wenig gelobt. Heute würde ich ihre Leistungen häufiger hervorheben und verdeutlichen.

||||

Günter Müller Mit dem Wissen von heute würde ich sicherlich einiges anders machen. Aber ich erkenne nichts Wesentliches, was aus der damaligen Sicht in der damaligen Zeit hätte anders gemacht werden müssen.

||||

Dr. Egon Plümer Ich würde noch mehr Informationen an die Kommunen weitergeben über die Entwicklung ihrer finanziellen Zukunft durch ungeregelte Folgekosten wie zum Beispiel Pensionen und Beihilfen.

Verfolgen Sie heute noch die Entwicklung der GVV?

||||

Dr. Rolf-Diether Brinkmann Nach einer langen Zeit der Arbeit für die GVV verfolge ich natürlich mit großem Interesse die weitere Entwicklung „unserer" kommunalen Selbsthilfeeinrichtung und bin den amtierenden Vorstandsmitgliedern dankbar, dass sie uns „Alten" durch die Übersendung der Geschäftsberichte und vielfältige Kontakte dazu Gelegenheit geben.

||||

Günter Müller Wenn man 34 Jahre bis zum altersbedingten Ausscheiden in einem Unternehmen auch an führender Stelle tätig war, kann man nicht davon lassen, auch die weitere Entwicklung dieses Unternehmens stets zu verfolgen.

So lese ich selbstverständlich mit großem Interesse die jährlichen Geschäftsberichte und alle BADK-Informationen mit dem jeweils besonderen Teil der GVV und lausche bei Zusammenkünften mit den amtierenden Vorstandsmitgliedern gern deren Berichten über die Geschäftsentwicklung.

„Durch die Zunahme der verschiedensten Aufgaben in unserem Kommunalgeschäft lag mir während meiner Amtszeit die Qualifizierung der Mitarbeiterinnen und Mitarbeiter sehr am Herzen."

Dr. Egon Plümer

||||
    Dr. Egon Plümer Ja, aber mit der gebotenen Zurückhaltung: Wenn ich für die GVV interessante Berichte oder Veröffentlichungen finde, stelle ich sie dem Vorstand zur Verfügung.

**Bitte vollenden Sie folgenden Satz:
Ich gratuliere der GVV und wünsche
dem Unternehmen für die Zukunft ...**

||||
    Dr. Rolf-Diether Brinkmann ... vor dem Hintergrund hoffentlich bald wieder entsprechend ihren Aufgaben finanziell angemessen ausgestatteter Kommunen eine Fortsetzung der erfolgreichen Arbeit als kommunale Selbsthilfeeinrichtung – Glück auf ins zweite Jahrhundert zum Wohle der Kommunalen Selbstverwaltung!

||||
    Günter Müller ... alles erdenklich Gute und viel Erfolg. Möge sie im großen europäischen Wettbewerb die Kraft aufbringen und die Unterstützung der Kommunen haben, weiterhin als Spezialversicherer zum Wohle der Bürger wirken zu können.

||||
    Dr. Egon Plümer ... Glück und Erfolg!

Gemeinde- und Städtebund Rheinland-Pfalz
Deutscher Städtetag
Hessischer Städte- und Gemeindebund
Hessischer Landkreistag
Landkreistag Rheinland-Pfalz
Landkreistag Nordrhein-Westfalen
Niedersächsischer Landkreistag
Hessischer Städtetag
Städtebund Schleswig-Holstein
Niedersächsischer Städte- und Gemeindebund
Landkreistag Baden-Württemberg
Deutscher Städte- und Gemeindebund
Gemeindetag Baden-Württemberg
Niedersächsischer Städtetag
Landkreistag Saarland
Saarländischer Städte- und Gemeindebund
Städtetag Baden-Württemberg
Schleswig-Holsteinischer Landkreistag
Städte- und Gemeindebund Nordrhein-Westfalen
Saarländischer Städte- und Gemeindetag
Städtetag Nordrhein-Westfalen
Städtetag Rheinland-Pfalz
Schleswig-Holsteinischer Gemeindetag
Deutscher Landkreistag

Die Rolle der Kommunalen Spitzenverbände

Hauptgeschäftsführer
Dr. Bernd Jürgen Schneider –
seit 1. Juli 2004 Mitglied des
ehrenamtlichen Vorstandes

Dr. Bernd Jürgen Schneider,
Hauptgeschäftsführer des
Städte- und Gemeindebundes
NRW, erläutert die Aufgaben
des Verbandes und die
Zusammenarbeit mit der
GVV-Kommunalversicherung.

Dienst am Bürger

Der Verband als Dienstleister für Kommunen

Die Anfänge der kommunalen Selbstorganisation nach der Reichsgründung 1871 sind zugleich der geschichtliche Ursprung des Städte- und Gemeindebundes Nordrhein-Westfalen (StGB NRW), der 1971 durch den Zusammenschluss der Vorgängerverbände Rheinischer Gemeindetag, Städte- und Gemeindeverband Westfalen-Lippe sowie des Städtebundes Nordrhein-Westfalen entstand. Im Landesverband arbeiten derzeit mehr als 30 Mitarbeiter.

Dr. Schneider ist seit 1992 beim StGB NRW tätig und seit mehr als acht Jahren Hauptgeschäftsführer. Sein Selbstverständnis ist das eines „ersten Dieners des Verbandes" sowie das eines Dienstleisters für die Städte und Gemeinden. Im StGB NRW sind mit 359 von 373 Kommunen mehr als 95 Prozent der kreisangehörigen Städte und Gemeinden mit rund 9,5 Millionen Bürgerinnen und Bürgern organisiert. Um den Erwartungen der Mitglieder gerecht zu werden, müssen Service und Leistungen des Verbandes so zugeschnitten sein, dass alle Mitgliedskommunen sich angesprochen fühlen und ihren Nutzen darin erkennen.

Die Einwohnerzahl der Mitgliedskommunen liegt zwischen 5.000 und 140.000. Somit muss der Verband ein breites Spektrum an Interessen und Bedürfnissen abdecken. Kleinere Kommunen nutzen insbesondere die Rechtsberatung, größere Städte stellen oft verfahrensrechtliche Fragen wie beispielsweise zur Rekommunalisierung, sprich: Rückführung von Aufgaben, die derzeit von

Dritten wahrgenommen werden. Auskünfte werden zügig erteilt, sind von hoher Qualität und für die Fragenden günstiger als beispielsweise Anwaltsgebühren. Ebenso bietet der Verband Veranstaltungen für die Mitarbeiter der Städte und Gemeinden an, die über die bedarfsorientierte und praxisnahe Vermittlung von Wissen hinaus dem Verband durch den direkten Meinungsaustausch auch ein Stimmungsbild der Basis und den Teilnehmern einen aktuellen Erfahrungsaustausch ermöglichen.

Für die Bürgermeister bietet der Verband spezielle Veranstaltungen für kommunale Führungskräfte zur Vertrauensbildung und Stärkung des Teamgeistes an. Ein solches Vertrauen ist notwendig, damit der Verband die Interessen der Kommunen gegenüber der Landesregierung praxisnah und mit Erfolg vertreten kann. Bei Anhörungen im Parlament hat der Verband Gelegenheit, seine Fachkompetenz einzubringen. Dies geschieht politisch neutral, praxisbezogen und seriös. Dr. Schneider legt auf den besonderen Charakter der Beratung Wert: „Mehr Rat als Schlag – die Betonung liegt auf Rat."

Der Verband und die GVV-Kommunalversicherung

1907, während der ersten Initiativen zur Gründung der Kommunalversicherung, spielte mit dem Westfälischen Landgemeindetag bereits ein Kommunalverband den Geburtshelfer. Heute wird knapp ein Viertel der GVV-Beiträge von Mitgliedern des Städte- und Gemeindebundes NRW aufgebracht. Damit ist der NRW-Verband der beitragsstärkste der GVV.

Der StGB NRW hat eine enge Bindung zur GVV und stellt derzeit aus seinen Reihen den Aufsichtsratvorsitzenden. Darüber hinaus ist der Hauptgeschäftsführer des Verbandes eines von vier ehrenamtlichen Vorstandsmitgliedern. Seit 2002 nimmt Dr. Schneider diese Funktion wahr.

Der achtköpfige GVV-Vorstand besteht je zur Hälfte aus hauptamtlichen und ehrenamtlichen Mitgliedern. Innerhalb des Vorstandes kommt Dr. Schneider die Aufgabe zu, die Interessen der Mitglieder in Nordrhein-Westfalen zu vertreten. Zudem ist er Experte für kommunales Haushaltsrecht. Die ehrenamtlichen Mitglieder kommen jeweils aus Kommunen des Geschäftsgebietes. Sie vertreten direkt die Interessen der Mitglieder in der aktiven Geschäftsführung. Aufgrund ihrer Entwicklungs- und Produktimpulse geht der Bezug zu kommunalen Bedürfnissen und Risiken nicht verloren. Diese Konstellation ist typisch und notwendig für eine gut funktionierende Selbstverwaltung. Somit sind die ehrenamtlichen Vorstände eine Art Transmissionsriemen zu den Mitgliedern.

Der kommunale Charakter wird zudem verstärkt durch die Tatsache, dass der GVV-Vorstandsvorsitzende stets eine erfahrene Persönlichkeit aus der Kommunalverwaltung ist. Er oder sie muss Verständnis für kommunale Belange mitbringen, die Sprache der Mitglieder sprechen und auf ein kommunales Netzwerk zurückgreifen können.

Der Verband und die Vorstandsarbeit der GVV

Selbstredend muss ein Vorstand auch heikle, bisweilen unpopuläre Entscheidungen treffen. Ein solches Thema ist für Dr. Schneider beispielsweise das Anheben von Versicherungsbeiträgen speziell für Krankenhäuser mit einer hohen Schadenquote.

Auch bei der Solidarität gibt es Grenzen des Zumutbaren oder der Rücksichtnahme. Derartige Entscheidungen macht sich der Vorstand nicht leicht. Ein regelmäßiges Thema des Vorstandes sind die Beitragskalkulationen der jeweiligen Versicherungstarife. Hier ist eindeutige Vorstandsmeinung,

„MEHR RAT ALS SCHLAG – DIE BETONUNG LIEGT AUF RAT."

||||||||||||||||||||||||||||||||||||||||||||||||||||

keinen ruinösen Wettbewerb zu betreiben, sondern die Tarife so zu kalkulieren, dass schwarze Zahlen garantiert sind.

Dr. Schneider nimmt gern an den Vorstandssitzungen teil, weil er sich wohlfühlt in diesem kompetenten und homogenen Team. Man kennt sich seit Jahrzehnten und schätzt den menschlichen und fachlichen Umgang. In einem solchen Gremium herrscht Teamgeist. Nur so können auch schwierige Entscheidungen einvernehmlich getroffen und Visionen entwickelt werden. Durch enge Rückkopplung mit den Kommunen über die ehrenamtlichen Vorstandsmitglieder erhält der Vorstand rasch eine Rückmeldung zu seinen Entscheidungen. Dies ist ein großer Vorteil für die GVV.

Im Vergleich zu den Versicherungskonzernen ist die GVV ein kleines Unternehmen, das aber zielgruppenspezifisch und kostengünstig arbeitet. Dr. Schneider vergleicht die GVV deshalb gerne mit einer „Gazelle, die schon losläuft, wenn der Elefant noch denkt". Nur als „Gazelle" könne ein kleiner Versicherer in Konkurrenz zu den großen langfristig bestehen.

Das Ehrenamt bei der GVV ist für Dr. Schneider interessant und reizvoll zugleich und trägt mit zur beruflichen Zufriedenheit bei. Zum 100-jährigen Bestehen richtet er ausdrücklich Glückwünsche an die GVV:

„Ich gratuliere der GVV und wünsche dem Unternehmen für die Zukunft gute Umsätze und auskömmliche Ergebnisse – im Rahmen ausgeprägten Teamgeistes und im Sinne praktizierter interkommunaler Solidarität."

BEITRAGSAUFKOMMEN
GVV-KOMMUNAL
1990 – 2010 in Euro

- 2010: 67.761.708
- 2005: 105.173.029
- 2000: 111.571.551
- 1995: 140.361.791
- 1990: 141.332.555

BEITRAGSAUFKOMMEN
GVV-PRIVAT
1990 – 2010 in Euro

- 2010: 15.412.560
- 2005: 26.650.714
- 2000: 35.765.200
- 1995: 49.661.086
- 1990: 53.086.842

Gewachsen aus Vertrauen

Gewachsen aus Vertrauen.

Die GVV-Kommunalversicherung als Versicherungspartner für kommunale Gebietskörperschaften, kommunale Unternehmen und Sparkassen

Bei der GVV-Kommunalversicherung sind versichert: 3.471 Städte und Gemeinden, 200 Ämter, Samt- und Verbandsgemeinden, 109 Landkreise, 138 Sparkassen, 2.730 sonstige rechtlich selbstständige kommunale Einrichtungen

Die heterogenen Versichertengruppen der GVV zufriedenzustellen setzt bei der Vielzahl unterschiedlichster Versicherungsarten qualifizierte Mitarbeiter und eine optimale technische Prozessunterstützung voraus. Bei Beitragseinnahmen von 142 Millionen Euro und mehr als 60.000 Schadensfällen pro Jahr ist es wichtig, dass die Prozesse der Kundenbetreuung, des Inkassos, der Schadensregulierung und auch der Schadensprävention aufeinander abgestimmt sind. Dies ist für die Zufriedenheit der Mitglieder wichtig, denn diese erwarten, dass ihre Anfragen und Forderungen verständlich und zeitnah bearbeitet werden. Die Mitglieder treten nicht nur auf der Mitgliederversammlung in engen Kontakt zur GVV, sondern sie erhalten auch in den Regional- und Fachbeiräten sowie in den angebotenen Seminaren Fachinformationen und kostenlose Beratung zu allen kommunalversicherungsrelevanten Themen. So können die Mitglieder ihre Bedürfnisse einbringen, ihre Rechte stärken und auch ihren Pflichten nachkommen. Denn nur im intensiven Meinungs- und Gedankenaustausch sind letztlich die bestmöglichen Versicherungsprodukte zu entwickeln und zu vertreiben. Darüber hinaus hat jedes Mitglied und jeder Interessent die Möglichkeit, den GVV-Beratungsdienst in Anspruch zu nehmen – was auch intensiv genutzt wird.

Hans-Joachim Schmidt, der Teamleiter des Beratungsdienstes, erläutert die Aufgaben der Mitgliedsberater.

Große Vielfalt versichern = GVV

In den 80er Jahren wurden die versicherungsrechtlichen und -technischen Beratungen der Kommunen immer komplexer und schwieriger. Eine telefonische bzw. schriftliche Beratung genügte den Ansprüchen nicht mehr. So etablierte 1990 der damalige Vorstandsvorsitzende Dr. Egon Plümer den Beratungsdienst. Die Mitglieder und Interessenten sollten nun persönlich und vor Ort beraten und betreut werden. Eine objektive Beratung und eine möglichst wirtschaftliche Risikoabdeckung sind nach wie vor der Anspruch an die Beratungsgespräche. Dies garantieren die Mitgliedsberater der GVV.

Hans-Joachim Schmidt
Teamleiter und Mitgliedsberater

Beitragsaufkommen der GVV
Angaben in Euro

	Kommunal	Privat	Konzern	
1990	67.761.708	15.412.560	80.377.026	
1991	68.858.824	18.397.400	87.256.224	
1992	78.376.720	18.970.087	97.346.807	
1993	86.404.013	20.023.698	106.427.712	
1994	96.823.373	24.055.358	120.878.730	
1995	105.173.029	26.650.714	131.823.743	
1996	104.250.443	27.737.859	131.969.146	
1997	109.714.526	29.615.733	139.308.255	
1998	110.508.860	30.648.031	141.134.888	
1999	112.064.692	31.553.496	143.596.184	
2000	111.571.551	35.765.200	147.312.657	
2001	114.733.523	40.354.702	155.064.131	
2002	123.024.912	43.258.666	166.260.018	
2003	129.090.796	46.285.410	175.352.646	
2004	135.342.886	48.039.571	183.358.897	
2005	140.367.716	49.661.086	190.006.891	
2006	142.319.231	48.779.732	191.075.402	
2007	142.203.139	50.003.536	192.189.476	
2008	141.299.948	51.303.489	192.579.829	Es handelt sich um die gebuchten
2009	141.979.745	51.955.975	193.908.107	Bruttobeiträge, Konzernbeiträge
2010	141.332.555	53.086.842	194.391.784	nach Konsolidierung

Um mit den Vertretern der Kommunen auf Augenhöhe verhandeln zu können, ist für die Mitgliedsberater Voraussetzung, Berufserfahrungen in einer kommunalen Verwaltung gemacht zu haben. Zusätzlich erhalten sie eine versicherungsfachliche Ausbildung. Die Aufgaben im Beratungsdienst sind vielseitig und somit auch abwechslungsreich. Sie erfordern einen ständigen Lernprozess, bedingt durch Gesetzesänderungen und Veränderungen in den kommunalen Strukturen. Die Mitgliedsberater sind die Nahtstelle zwischen den Mitgliedern und der GVV. Heute ist diese flächendeckende Mitgliederbetreuung aus dem GVV-Serviceangebot nicht mehr wegzudenken.

Der Beratungsdienst besteht aktuell aus insgesamt 15 Mitarbeitern in Köln und Wiesbaden. Er teilt sich nach Aufgaben in drei Teams auf:

- **Sieben Mitgliedsberater und eine Mitgliedsberaterin** – Diese Kollegen repräsentieren die GVV bei den zirka 6.600 Mitgliedern und beraten diese.

- **Logistik, Sekretariat (fünf Mitarbeiter)** – Diese Kollegen bereiten die Besuche inhaltlich vor, steuern die Termine und organisieren Seminare und Veranstaltungen. Sie halten den Mitgliedsberatern den Rücken frei.

In den Beratungsgesprächen wird der bestehende Versicherungsbestand gemeinsam untersucht, analysiert und wirtschaftlich bewertet

|||| **Gutachter (zwei Ingenieure)** – Sie wickeln u.a. Großschäden komplett ab; dazu gehören Begutachtung des Schadens, Auftragsvergabe und Begleitung der Wiederherstellung. Ebenso erstellen sie Gutachten bei Haftpflichtschäden oder Wertgutachten bei Gebäuden.

Insgesamt sind diese angebotenen Tätigkeiten ein entscheidender Mehrwert für die Mitglieder. Bei den Mitgliedern sind die Kollegen des Beratungsdienstes bestens bekannt, wozu auch die Ortsnähe einen wichtigen Beitrag leistet. Jeder Mitgliedsberater hat in der Region, für die er zuständig ist, ein Büro. Um das Teamgefühl, aber auch den Austausch von Informationen zu gewährleisten, treffen sich die Mitarbeiter des Beratungsdienstes mehrmals im Jahr zu Tagungen. Diese sind notwendig, um regelmäßig Erfahrungen über die Vorgehensweisen bei unterschiedlichen landesrechtlichen Vorgaben und Strukturen auszutauschen.

Die Mitgliedsberater sind keine umsatzgetriebenen „Vertriebler" bzw. Vertreter, sondern sie sind Berater, und so verhalten sie sich auch. Sie erhalten bei erfolgreichen Abschlüssen keine Abschlussprovision wie sonst üblich. Dies ist ein Wettbewerbsvorteil. Die Beratung ist nie provisionsgesteuert, sondern objektiv und seriös, ausgerichtet an den tatsächlichen Erfordernissen der einzelnen Mitglieder. Dies zahlt sich langfristig aus und schafft ein stabiles Vertrauensverhältnis.

„DIE MITGLIEDSBERATER KÖNNEN AUS IHRER ARBEIT SO MANCHE ANEKDOTE ZUM BESTEN GEBEN."

Gut, vielfältig, vertrauensvoll = GVV

In Beratungsgesprächen mit Mitgliedern passiert es oft, dass der Mitgliedsberater schon nach dem dritten Satz der Problemschilderung weiß, worum es geht und welche Lösung passgenau ist. Dies liegt auch daran, dass bei den Beratern kommunales Wissen und verwaltungsspezifische Kenntnisse vorhanden sind – im Gegensatz zu herkömmlichen Versicherungsvertretern. Dabei kristallisiert sich auch ein weiterer Wettbewerbsvorteil heraus: Die Mitarbeiter der GVV können ein kommunales Netzwerk aufweisen und vermitteln. So kann die zu beratende Kommune aus den Erfahrungen der anderen Mitglieder eigene Schlüsse ziehen und unmittelbar profitieren. Dies ist ein unschlagbarer Mehrwert, der von den Mitgliedern sehr geschätzt wird.

In den Beratungsgesprächen wird der bestehende Versicherungsbestand gemeinsam untersucht, analysiert und wirtschaftlich bewertet. Natürlich wird auf ungedeckte Risiken aufmerksam gemacht, und es werden Lösungen angeboten. Dies alles geschieht sachlich, fachlich und seriös – ohne irgendwelchen Verkaufsdruck.

Eine wesentliche Aufgabe der Mitgliedsberater ist das Konzipieren und Durchführen von Seminaren für die Mitglieder. Die Themen sind spartenübergreifend und so praxisnah, dass die Nachfrage groß ist. Durch die Referenten bekommt die GVV ein Gesicht. Derartige Veranstaltungen dienen auch der Vertrauensbildung. Insbesondere die gemeinsamen Abende ermöglichen die Kontaktpflege. An einem Seminar nehmen zirka 50 Personen teil; in den letzten Jahren wurden mehr als 2.500 Teilnehmer geschult und informiert. Das Feedback ist ausgezeichnet, und weitere Angebote sind in Planung. Die Mitgliedsberater können aus ihrer Arbeit so manche Anekdote zum Besten geben, die hier nicht fehlen sollte.

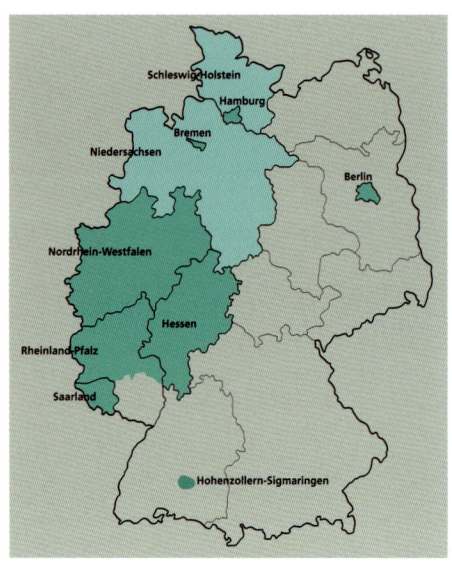

Geschäftsgebiet GVV-Kommunal

Die Versicherungsprodukte der GVV-Kommunalversicherung

1911	Allgemeine Haftpflichtversicherung
1926	Allgemeine Unfallversicherung
1927	Kraftfahrtversicherung
1929	Personalgarantieversicherung
1953	Vermögenseigenschadenversicherung
1960	Ausstellungsversicherung
1971	Schülerunfall- und Schülergarderobeversicherung
1972	Rechtsschutzversicherung
1974	Sachversicherungen
1995	Beihilfeablöseversicherung
1997	Technische Versicherungen
2000	D&O-Versicherung
2003	Entgeltumwandlung

Weiß ist die Farbe der Unschuld

Nach einem Beratungsgespräch mit einem Sparkassenvorstand verließ der Mitgliedsberater zufrieden das Sparkassengebäude. Die Fassade des Gebäudes wurde saniert. Dabei wurde mit Kalk gearbeitet. Wie es der Zufall wollte, fiel just in diesem Moment ein Sack Kalk vom Gerüst, und ein Teil des Inhalts rieselte über den Mitgliedsberater. Dieser war plötzlich schnee- beziehungsweise kalkweiß. So konnte er unmöglich zu seinem nächsten Gesprächstermin fahren. Also machte er kehrt und ging zurück ins Sekretariat seines Gesprächpartners. Mit vereinten Kräften und unter großer Mühe versuchte man, seine Kleidung zu säubern. Zum Schluss der Aktion sagte die Sekretärin: „Wir kommen für den Schaden auf. Machen Sie sich keine Sorgen, unser Haus ist bei der GVV gut versichert!" Beim Verlassen des Hauses schaute der Mitgliedsberater ganz vorsichtig nach oben und dachte lächelnd: Gute Werbung für meinen Arbeitgeber!

Beratungsgespräche können gefährlich sein

Der Mitgliedsberater kam pünktlich zu einem vereinbarten Termin mit einem Bürgermeister. Dieser war aber noch im Gespräch, so dass sein Büroleiter schon mal mit der Unterredung begann. Das Meeting beim Bürgermeister dauerte und dauerte. Um seinen Folgetermin nicht zu gefährden, musste sich der Mitgliedsberater schließlich auf den Weg machen. Er bedauerte sehr, mit dem Bürgermeister nicht persönlich gesprochen zu haben. Unterwegs in seinem Auto hörte er in den Nachrichten, dass „sein" Bürgermeister am heutigen Vormittag von einem unzufriedenen Bürger mit einer Pistole bedroht worden war. Jetzt wurde ihm klar, warum sein Termin mit dem Bürgermeister ausgefallen war.

Die Polizei, dein Freund und Helfer!

Mitgliedsberater sind viel auf Achse und wollen stets pünktlich ihre Termine wahrnehmen. Dabei können schon mal Missgeschicke passieren und anschließend ist man froh, wenn diese glimpflich ausgehen. So geschehen auf der A 61:

„DIE MITGLIEDSBERATER MÜSSEN LÖSUNGSWEGE AUFZEIGEN, DAMIT DAS MITGLIED FESTSTELLT: ‚HIER WIRD MIR KOMPETENT GEHOLFEN!'"

Bei einer Geschwindigkeit von zirka 130 km/h warf ein Vordermann eine Dose aus seinem Autofenster. Diese flog unter den rechten Hinterreifen des Autos des Mitgliedsberaters. Der Reifen platzte, das Auto schleuderte und kam auf dem Standstreifen zum Stehen. Der Fahrer war geschockt und musste sich erstmal erholen. Ein Polizeiwagen stoppte und befragte den Mitgliedsberater nach dem Grund seines Aufenthalts auf dem Standstreifen.

Als die Autobahnpolizisten den geschockten Fahrer und den defekten Reifen sahen, machten sie sich an die Arbeit und wechselten den Reifen. Nach einer Weile war die Arbeit getan. Nun war auch der Mitgliedsberater wieder fahrtüchtig. Er bedankte sich herzlich bei den Polizisten. Der Termin in Köln konnte dank der tatkräftigen Hilfe der Polizei pünktlich erreicht werden.

Warum kompliziert, wenn es auch einfach geht

Mitgliedsberater werden oft in Gesprächen spontan um Auskünfte gebeten, so zum Beispiel zu „Haftungsrisiken im Zusammenhang mit der Optimierung von Allokationsprozessen unter Einsatz und Verwendung von Smart-Grids-Anwendungen in der kommunalen Versorgungswirtschaft". Solche Formulierungen in Amtsdeutsch muss ein Mitgliedsberater übersetzen können. In diesem Fall war nichts anderes gemeint als das Haftungsrisiko im Zusammenhang mit der Optimierung der Verteilung von Strommengen an einen Verbraucher unter Verwendung einer bestimmten Software. Dies illustriert eindrucksvoll die unerschöpfliche Themenvielfalt, die das kommunale Handeln beinhaltet und die Wirtschaftsinteressen der Mitglieder tangiert.

Die Mitgliedsberater müssen hierauf antworten können und Lösungswege aufzeigen, damit das Mitglied feststellt: „Hier wird mir kompetent geholfen!"

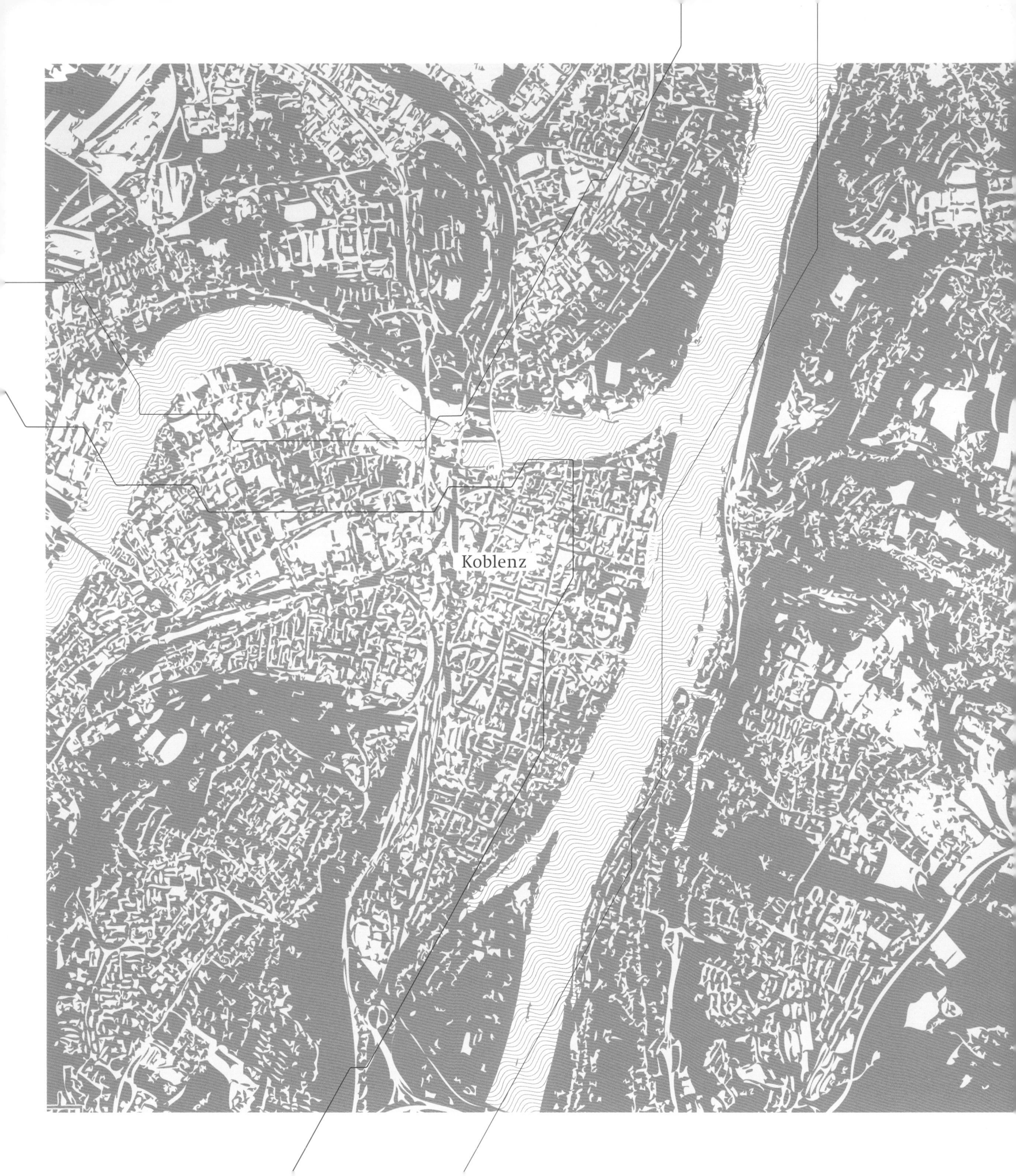

Koblenz

Pfungstadt

Vergleich
große versus kleine
Kommune

Große Kommunen werden nicht anders behandelt als kleine!

Die Städte Koblenz und Pfungstadt sind seit über 40 Jahren Mitglieder der GVV-Kommunalversicherung.

Bei der GVV-Kommunalversicherung sind gegenwärtig über 6.600 Mitglieder versichert. Egal ob große Stadt oder kleine Gemeinde – jedes Mitglied wird individuell nach seinem Bedarf beraten.

Sei es vor Ort durch die Mitgliedsberater in den unterschiedlichen Regionen, per Telefon durch qualifizierte Mitarbeiterinnen und Mitarbeiter an den beiden Standorten Köln und Wiesbaden oder im Schadensfall durch kompetente Beratung und Hilfestellung bei der Regulierungsabwicklung. Die GVV-Kommunalversicherung bietet umfassende Versicherungskonzepte und Serviceleistungen an, um die speziellen Bedürfnisse aller Mitglieder optimal abzudecken: spezialisiert, leistungsstark und preiswert.

Auf den folgenden Seiten wird anhand von zwei Beispielen auf die Unterschiede und Gemeinsamkeiten von kleinen und großen Mitgliedern eingegangen. So verschieden diese auch sind, eines haben alle gemeinsam: den Bedarf an maßgeschneidertem Versicherungsschutz!

Koblenzer Rathaus
am Jesuitenplatz

Pfungstadt hat zirka 25.000 Einwohner und Koblenz über 100.000. Die kleinere Kommune hat bei der GVV 126 aktive Verträge mit einem jährlichen Beitragsvolumen von fast 200.000 Euro, und die Stadt Koblenz zahlt für 777 aktive Verträge jährlich fast eine Million Euro an die GVV.

Koblenz

Für die Vorbereitungen der Stadt Koblenz auf die Bundesgartenschau 2011 war die GVV-Kommunalversicherung ein verlässlicher Partner in allen Versicherungsfragen.

Aber auch sonst nutzt die Stadt die gängigen Versicherungsangebote der GVV für die Kommunen. Zudem kommen, bedingt durch das Vergaberecht, andere Versicherer zum Zuge. Ebenso hat die Stadt bei Kooperationspartnern der GVV Versicherungen direkt abgeschlossen. Der Amtsleiter ist somit bestens in der Lage, Leistungen und Bearbeitung der GVV mit anderen Versicherungsunternehmen zu vergleichen.

Wolfgang Bender ist Leiter des Koblenzer Versicherungsamtes, das über sechs Mitarbeiter verfügt; davon sind drei zuständig für Auskünfte zur gesetzlichen Sozialversicherung und drei für das allgemeine Versicherungsgeschäft. Bender, der seit über 28 Jahren im Fachbereich tätig ist, bezeichnet die Mitgliederbetreuung der GVV als hervorragend und ideal. Hierzu zählten die Jahresgespräche mit dem Betreuer, aber bei akutem Bedarf stehe auch zeitnah ein fachlich versierter Gesprächspartner zur Verfügung. In diesem Bereich brauche die GVV Wettbewerber nicht zu fürchten. Das liege auch daran, dass die Mitarbeiter das Geschäft der Kommunen bestens verstünden und die Sprache der Mitglieder sprächen. Die GVV übertreffe mit diesem Service und den speziellen Produkten die Wettbewerber. Es ist für Versicherungsamtsleiter Bender besonders wichtig, dass die Stadt bei Regressansprüchen bei der GVV optimal abgesichert ist. Solche Ansprüche treten aktuell verstärkt auf und sind bedingt durch bestehenden Investitionsstau und die daraus folgenden Renovierungsrückstände.

Obwohl in den letzten Jahren die Schadensfälle rückläufig waren, ist es für die Entscheidungsträger der Stadt beruhigend, die Vermögenseigenschadenversicherung bei der GVV abgeschlossen zu haben, damit Fehlleistungen der Mitarbeiter versichert sind. Um fachlich auf dem neuesten Stand zu bleiben, nutzen der Amtsleiter und seine Mitarbeiter die von der GVV angebotenen Fachseminare. Ebenfalls wird regelmäßig die Mitgliederversammlung – mit den bevollmächtigten Stimmrechten der städtischen Beteiligungsgesellschaften – besucht. Diese Besuche sind für die tägliche Arbeit wichtig, um auch auf diesem Weg mit der GVV Kontakt zu halten, aber auch um andere Mitglieder zu treffen und sich mit ihnen auszutauschen.

Von der GVV wünscht sich Wolfgang Bender nur eines: „Bleiben Sie bei Ihrem Kerngeschäft, denn dort sind Sie unschlagbar!"

	Koblenz	Pfungstadt
Bundesland	Rheinland-Pfalz	Hessen
Landkreis	Kreisfreie Stadt	Darmstadt-Dieburg
Fläche	105,02 km²	42,53 km²
Einwohner	106.744	24.507
Bürgermeister	Oberbürgermeister Prof. Dr. Joachim Hofmann-Göttig	Bürgermeister Horst Baier

Rathaus von Pfungstadt

Pfungstadt

Pfungstadt liegt zwischen Frankfurt und Heidelberg im Landkreis Darmstadt-Dieburg. Eingebettet ist die Stadt zwischen den Hügeln des Odenwaldes und der Ebene des Hessischen Rieds. In der Stadt gibt es noch heute dreißig Vollerwerbslandwirte. Sich selbst bezeichnen die Pfungstädter als kritisch und weltoffen. Bürgermeister Horst Baier, der seit 1990 im Amt ist, charakterisiert die Bürger seiner Stadt so: „Wer einmal in Pfungstadt gelebt hat, wird auf der ganzen Welt nicht mehr satt!" Denn sobald der heimatliche Kirchturm nicht mehr sichtbar ist, packen die Pfungstädter ihre Verpflegungspakete aus.

Eine langjährige Partnerschaft

Begonnen hat die Pfungstädter Mitgliedschaft bei der GVV-Kommunalversicherung 1969 mit der Haftpflichtversicherung und den Kfz-Versicherungen. Über die Jahre sind weitere Angebote der GVV angenommen worden, so dass die Stadt heute rundum bei der GVV versichert ist. Diese Komplettabsicherung führt aber – nach Aussage des Bürgermeisters – nicht dazu, Fehler zuzulassen. In der Kommune wolle man vielmehr nicht durch Schadensfälle überrascht werden, die dann den sowieso angespannten Stadtetat belasten würden. So ist auch für die Mitglieder der Freiwilligen Feuerwehr das „Rundum-Sorglos-Paket" der GVV abgeschlossen worden. Dies beruhigt nicht nur die Verwaltungsverantwortlichen, sondern ebenfalls die Feuerwehrmänner und -frauen und deren Familienangehörige. Ebenso froh ist der Bürgermeister, dass für die Mandatsträger eine Rechtsschutzversicherung bei der GVV abgeschlossen wurde. In der heutigen streitfreudigen Zeit sei dies unabdingbar. Mit der Betreuung durch die GVV sind Horst Baier und seine Mitarbeiterin, die neben anderen Aufgaben auch die Versicherungsfragen der Verwaltung bearbeitet, sehr zufrieden: Es sei immer jemand ansprechbar, der Antworten geben könne und Lösungen aufzeige, die die individuellen Belange von Pfungstadt berücksichtigten. Zweimal im Jahr treffen der Bürgermeister und seine zuständige Mitarbeiterin ihren GVV-Mitgliedsberater. Dann werden aktuelle Fälle, der Versicherungsbestand und mögliche Risiken durchgesprochen, wobei die notwendige Wirtschaftlichkeit oft im Mittelpunkt steht.

Wenn möglich, besucht der Bürgermeister die angebotenen GVV-Regionalkonferenzen, um auch auf diesem Wege Informationen zu erhalten und mit Kollegen Erfahrungen auszutauschen. Deshalb ist für Horst Baier auch der Besuch der Mitgliederversammlungen selbstverständlich.

In den letzten Jahren gab es in Pfungstadt zwei besondere Schadensfälle: Ein Blitzeinschlag verursachte im Klärwerk einen Schaden von fast 500.000 Euro. Unangenehmer, wenn auch finanziell weniger bedeutend, war ein aufgedeckter Betrugsfall. In einer städtischen Kasse wurden 62.000 D-Mark unterschlagen.

In beiden Fällen war die Schadensbearbeitung durch die GVV für die Stadt ideal. In kürzester Zeit wurde eine Deckung zugesagt. Das weitere Prozedere wickelte die GVV ab, wie die Ermittlung der betrügerischen städtischen Mitarbeiterin – und die Schadenersatzklage gegen sie. Nach Aussage von Horst Baier ist es für eine kleinere Kommune, in der ein Bürgermeister letztendlich die Verantwortung für fast alle kommunalen Entscheidungen trägt, wichtig, einen kompetenten und zuverlässigen Versicherer zu haben. Bei kommunalen Schadensfällen werden oft Vorgehensweise und Entscheidungen bis hin zum Bürgermeister durchgereicht. Dann ist es gut, bestens beraten und versichert zu sein.

Eine funktionierende Solidargemeinschaft

Für die Mitglieder der GVV-Kommunalversicherung ist es wichtig, dass bei der Betreuung und der Schadensbearbeitung zwischen kleineren und großen Städten keinerlei Unterschiede in der Priorität gemacht werden.

Beide Städte, die große wie die kleine, betonen, dass sie froh seien, in einem so gut funktionierenden Versicherungsverein auf Gegenseitigkeit Mitglied zu sein. Dort fühlen sie sich bestens aufgehoben und gerecht behandelt.

*SCHADENSFÄLLE KÖNNEN
BREIT GEFÄCHERT SEIN:*

von sogenannten Bagatellfällen bis hin
zu Katastrophen, die meist Erstattungen
in Millionenhöhe erfordern. Ein solcher Fall
kann gravierende wirtschaftliche Folgen für
ein Versicherungsunternehmen haben. Die
folgenden Beiträge berichten über Schadensfälle, die nicht alltäglich, aber doch typisch
für einen Kommunalversicherer sind.

Ausgesuchte Schadensfälle

November 1973

Der Künstler Joseph Beuys rückte die GVV-Kommunalversicherung in den 70er Jahren ungewollt ins Rampenlicht.

Bleibt ein Original ein Original?
Der „Badewannenfall"

Der Künstler Joseph Beuys (1921–1986) ist für die GVV-Kommunal kein Unbekannter. Hat doch der berühmte „Badewannenfall" für einiges an Aufsehen, Aufregung und auch Arbeit bei der GVV gesorgt. Dieser verzwickte Schadensfall zog sich über die Jahre 1973 bis 1980 hin.

Burkhard Bersem, Abteilungsleiter Haftpflicht-, Unfall-, Sach- und Vermögenseigenschaden

Die Schadenakte,
Aktenzeichen 4-503 137 (73)

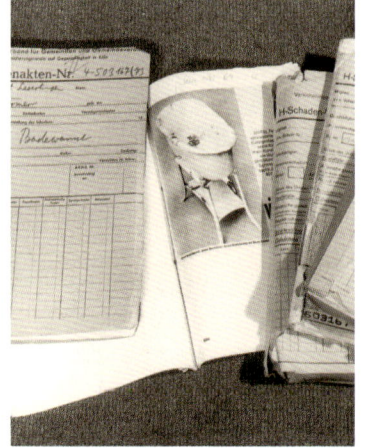

Schloss Morsbroich

Versicherung und Kunst haben immer dann etwas miteinander zu tun, wenn Kunstgegenstände und Ausstellungen gegen diverse Risiken versichert werden müssen.

Am 28.4.1971 schlossen sich sieben Museen zu einem Ausstellungsverbund zusammen. Darunter waren auch das Von-der-Heydt-Museum in Wuppertal und das Städtische Museum Leverkusen. Für die sieben Museen wurde unter Federführung des Wuppertaler Museums eine Wanderausstellung erarbeitet. Es wurden unter anderem drei Objekte von Joseph Beuys präsentiert, darunter auch das Objekt „ohne Titel" (Badewanne) 1960, Essen – so die Angabe im Versicherungsschein – 40.000 D-Mark wert gemäß Angabe des Leihgebers Schirmer. Die zum Objekt gehörende Hinweistafel mit der Aufschrift „In dieser Wanne wurde der Säugling Joseph Beuys gebadet" wurde übrigens schon vor dieser Ausstellung von einem Unbekannten handschriftlich mit dem Zusatz versehen „Offenbar zu heiß" (Der Spiegel, Heft 12/1975).

Als Haftpflichtversicherer der Stadt Leverkusen erhielt die GVV die folgende Schadensmeldung des Verleihers:

„Im Rahmen der Ausstellung ist das Objekt Badewanne von Beuys unbeschädigt in die Obhut der Stadt Leverkusen übergegangen. Da dieses Objekt nach der Ausstellungskonzeption nicht der Öffentlichkeit vorgestellt werden sollte, wurde es im Museum in einem verschlossenen Raum abgestellt. Dieser Raum wird für die Lagerung nicht benötigter Kunstgegenstände, Sockel, Stürze und einigen Mobiliars verwandt. Er ist gegen Einbruch von außen durch eine Alarmsicherung der Fenster gesichert.

Die Tür selbst ist mit einem Sicherheitsschloss versehen. Der Schlüssel ist unter der ständigen Aufsicht des Hausmeisters in einem Schlüsselschrank der Pförtnerloge deponiert. Da die unteren Räume des Schlosses für eine Feier zur Verfügung gestellt wurden, war es im Rahmen der Vorbereitung dieser Feier notwendig, aus dem verschlossenen Raum verschiedene Gegenstände herauszuholen. Deswegen schloss ein häufig als Aushilfskraft von der Museumsverwaltung Beschäftigter den Magazinraum auf. Er vertrat in diesem Fall den Hausmeister, der ihm auch den Auftrag zur Herausgabe der Gegenstände erteilt hatte. Da diese Aushilfskraft die Gegenstände mit transportierte, war der Raum selber kurzzeitig ohne Aufsicht, so dass die mit der Vorbereitung der Feier beschäftigten Organisatoren (Mieter) bei dieser Gelegenheit auch die Badewanne mit heraustransportierten, die von ihnen als Kunstobjekt nicht erkannt wurde. Das wurde erst bemerkt, als der Hausmeister wieder eintraf. Zu diesem Zeitpunkt war die Beschädigung des Kunstobjektes schon geschehen."

"unbetitelt (Badewanne)", 1960, Essen

Joseph Beuys
Deutscher Aktionskünstler, Bildhauer, Zeichner, Kunsttheoretiker und Professor an der Kunstakademie Düsseldorf

Was war geschehen? Auf einer Veranstaltung des SPD-Ortsvereins Leverkusen-Ost am 3.11.1973 im Städtischen Museum wurde das Kunstobjekt kurzerhand „zweckentfremdet": sämtliche vom Künstler vorgenommenen Beklebungen wie Pflaster und Mull wurden von der Badewanne entfernt, ebenso der Fettklumpen, der in der Wanne zu liegen hat.

In einer Niederschrift eines SPD-Verantwortlichen heißt es dazu wörtlich:

„Es ist richtig, dass irgendjemand oder mehrere von uns diese Wanne gesäubert hatten, weil wir sie zum Gläserspülen gut gebrauchen konnten …" Als besonderer Kunstgegenstand sei diese kleine Badewanne, die „meiner Erinnerung nach lediglich innen einige Pflaster und Mullstücke enthielt, weder für mich noch für andere … erkennbar" gewesen.

So wurde aus Unwissenheit ein Kunstobjekt des damals schon hochrangig eingestuften und weltbekannten Künstlers Joseph Beuys zerstört.

Daraufhin begannen die Verwaltungs- und Versicherungsmühlen zu mahlen: Die Stadt Leverkusen und auch die GVV waren davon überzeugt, dass der Schaden durch eine bei der TRANSATLANTISCHEN bestehende Ausstellungsversicherung gedeckt sei. Dieser Versicherer schaltete einen Gutachter ein, der zu dem Ergebnis kam, dass das Kunstobjekt beschädigt sei und in seinem jetzigen Zustand als wertlos erscheine. Selbst bei einer Wiederherstellung des ursprünglichen Zustandes gehe er von einer dreißigprozentigen Wertminderung aus. Gleichzeitig stellte der Gutachter fest, dass der Handelswert des Objektes bei 80.000 D-Mark liegen dürfte.

Die TRANSATLANTISCHE begann in der Folge Verhandlungen mit Joseph Beuys über eine Restaurierung. Dieser erklärte sich schließlich bereit, die Neubearbeitung des beschädigten Objekts für 40.000 D-Mark zu übernehmen (17.6.1974). Aufgrund dieser Angabe machte die TRANSATLANTISCHE bei der Stadt Wuppertal eine sogenannte Unterversicherung geltend. Die Stadt ihrerseits beauftragte das Havariekommissariat Gielisch mit einem weiteren Gutachten. Gielisch verhandelte ebenfalls mit Joseph Beuys, der an einer Restaurierung aber wenig interessiert war, ganz im Gegenteil, er, Beuys, sei nicht böse, wenn das Objekt total vernichtet würde.

Gielisch versuchte sodann, eine einvernehmliche Lösung herbeizuführen. Dieser Versuch scheiterte, vermutlich wegen der bestehenden Unterversicherung. Der Leihgeber reichte am 23.8.1974 Klage gegen die Stadt Wuppertal ein. Diese nahm den Prozess auf und verkündete gleichzeitig am 17.9.1974 der TRANSATLANTISCHEN den Streit.

„HANDELT ES SICH NUN UM EINE REPARATUR ODER EINE NEUSCHÖPFUNG? – DIESE FRAGE MÜSSEN KUNSTHISTORIKER BEANTWORTEN."

Da die Stadt Leverkusen nicht bereit war, einen Schadenanteil zu übernehmen, verkündete die Stadt Wuppertal auch dieser den Streit. Damit war auch wieder die GVV als Versicherer der Stadt Leverkusen mit im Geschäft. Weil der eigentliche Schadensverursacher – der SPD-Ortsverein – nicht in den Prozess einbezogen wurde, scheiterte eine gütige Beilegung des Streits.

Dieser Hickhack veranlasste den Kläger, Leihgeber Schirmer, seine Forderungen stufenweise auf 165.000 D-Mark zu erhöhen. Der Streit wurde hauptsächlich darüber geführt, ob das beschädigte Kunstobjekt Badewanne von 1960 überhaupt restaurierbar sei. Denn aus der ziemlich wertlosen Emaille-Badewanne entstünde dann ein neues Objekt von Joseph Beuys, aber aus dem Jahre 1975, mit einem wesentlich geringeren Wert als das ursprüngliche Kunstwerk aus dem Jahre 1960.

Das Gericht beauftragte seinerseits zwei weitere Sachverständige, die nochmals den Wert des Kunstwerkes schätzten und auch den Sinn einer möglichen Restaurierung bewerten sollten. Eine Restaurierung wurde ausgeschlossen und der Wert des unbeschädigten Objektes (Badewanne) auf 80.000 D-Mark geschätzt. Zusammen mit zwei anderen Beuysschen Objekten kam der Gutachter auf eine Schadensbewertung von 165.000 D-Mark.

Nach einem weiteren außergerichtlichen Einigungsversuch verkündete das Gericht am 3.12.1975 sein Urteil: Danach sollte die beklagte Stadt Wuppertal 165.000 D-Mark zzgl. Zinsen zahlen, denn eine Wiederherstellung des ursprünglichen Kunstobjektes sei unmöglich und letztendlich eine Neubearbeitung.

Wie nicht anders zu erwarten, legten sowohl die Städte Wuppertal und Leverkusen als auch die TRANSATLANTISCHE Berufung beim Oberlandesgericht (OLG) Hamm ein. Neue Anwälte wurden eingeschaltet, die feststellten, dass die Ansprüche des Klägers verjährt sein müssten. Ansprüche aus einem Leihverhältnis verjähren nämlich schon nach einem halben Jahr, gerechnet nach Rückgabe der Gegenstände.

Das OLG verkündete daraufhin am 7.9.1976 sein Urteil: Der Kläger – Schirmer – hat Anspruch auf die ursprünglich eingeforderten 58.000 D-Mark. In dem 45 Seiten umfassenden Urteil setzte sich das OLG ausführlich mit dem Verständnis und der Bewertung neuer Kunst auseinander. Das Gericht bestätigte, dass das Objekt ohne Titel (Badewanne) als Kunstwerk zerstört sei. Keiner der Prozessbeteiligten machte von der Möglichkeit, den Bundesgerichtshof anzurufen, Gebrauch, wodurch das Urteil rechtskräftig wurde.

Die Auseinandersetzung jedoch ging noch weiter: Die Stadt Wuppertal forderte die Stadt Leverkusen auf, sich an den Schadenkosten zu beteiligen und die entstandenen Anwaltkosten zu übernehmen. Die GVV vermittelte unter den Beteiligten und forderte die TRANSATLATISCHE auf, wegen des Totalschadens 40.000 D-Mark auszuzahlen. Wegen des darüber hinaus gehenden Geldbetrags möge sich die Stadt Wuppertal an die Volksfürsorge wenden. Diese war der Versicherer des Schadensverursachers, des SPD-Ortsvereins Leverkusen-Ost.

Im November 1977 kam es schließlich zu einem weiteren Rechtsstreit. Die Stadt Wuppertal verklagte vor dem Landgericht Bielefeld die TRANSATLANTISCHE auf Zahlung der kompletten Versicherungssumme und auf Ersatz ihrer Anwaltskosten. Die Stadt Leverkusen wurde erneut in den Rechtsstreit mit einbezogen. Da der gerichtliche Vergleich immer noch nicht die Versicherungssumme abdeckte, lehnte die GVV eine Beteiligung ab.

Im Jahr 1979 meldete sich die Stadt Wuppertal bei der GVV mit der Information, dass der Rechtsstreit mit der TRANSATLANTISCHEN beigelegt sei und ihr ungedeckte Kosten offen geblieben seien. Die TRANSATLANTISCHE wollte die Stadt Leverkusen dafür in Anspruch nehmen, da der Schaden entstand, während die Badewanne sich im Gewahrsam der Stadt Leverkusen befand. Die GVV lehnte klar und deutlich den Regress mit dem Hinweis ab, die TRANSATLANTISCHE möge sich an die Volksfürsorge halten.

Im März 1980 kam die Stadt Wuppertal auf ihre Regressankündigung zurück und forderte insgesamt 15.500 D-Mark. Vergleichsweise übernahm die GVV, um damit eine nicht enden wollende Geschichte abzuschließen, 8.800 D-Mark.

Nachzutragen bleibt, dass es die Badewanne weiterhin bzw. wieder gibt. Während der Streitigkeiten hatte sich Joseph Beuys mit Mull, Heftpflaster und einem Pfund Margarine an der Badewanne zu schaffen gemacht. Danach empfand der Sammler das Objekt sogar als noch schöner als vorher.

Handelt es sich nun um eine Reparatur oder eine Neuschöpfung? – Diese Frage müssen Kunsthistoriker beantworten.

Winfried Jeha und Christian Lutterbeck, Teamleiter Haftpflicht-Schaden und Sachbearbeiter Arzthaftpflichtschäden

1990 **Geld ist wie ein Kaninchen**
… es gerät in Angst und Panik,
wenn es Gefahr wittert. André Kostolany

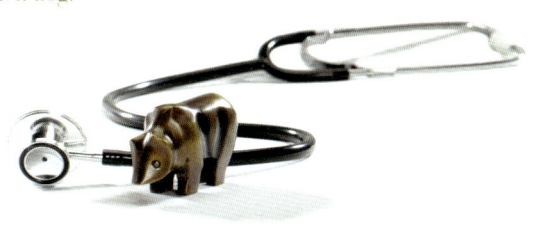

Wenn Bankkunden bei ihrer Wertpapieranlage Verluste erleiden, fühlen sie sich oft falsch beraten. So auch im nachfolgenden Fall, der einen über mehrere Jahre andauernden Rechtsstreit nach sich zog.

**Vertrauen ist gut –
Kontrolle ist besser!** *2007*

Schadensfälle aus der Heilwesen-Haftpflichtversicherung zeigen, dass es bei der ärztlichen und pflegerischen Arbeit im Operationssaal (OP) zwei wesentliche Fehlerquellen bzw. Risikobereiche gibt: die Verwechslung von zu operierenden Personen bzw. Körperteilen sowie das unabsichtliche Zurücklassen von Fremdkörpern im Operationsbereich.

Geld ist wie ein Kaninchen

*… es gerät in Angst und Panik,
wenn es Gefahr wittert. André Kostolany*

Ein Sparkassenkunde stieg 1990 im großen Stil in das Wertpapiergeschäft ein. Ein Kredit seiner Hausbank in Höhe von 9,9 Millionen D-Mark war die Basis für sein Vermögensverwaltungsdepot. Da er beruflich sehr erfolgreich war, reichte ihm die konservative Vermögensverwaltung bald nicht mehr. Er tätigte nun eigenmächtig Wertpapiergeschäfte in größerem Umfang. Im Börsentermingeschäft wollte er das ganz große Geld machen.

Aber wie schon André Kostolany feststellte: „Geld ist wie ein Kaninchen. Es gerät in Angst und Panik, wenn es die geringste Gefahr wittert", so musste auch der Geschädigte erleben, wie er statt der erhofften großen Gewinne erhebliche Verluste einfuhr.

Die Sparkasse sah sich daraufhin gezwungen, den Kredit zu kündigen. Mit Hilfe anderer Banken war der Geschädigte in der Lage, den Kredit zurückzuzahlen. Dennoch machte er gegen die Sparkasse Schadenersatzansprüche geltend. Begründet hat er diese Ansprüche damit, dass die Sparkasse für ihn erhebliche Gewinne hätte erzielen können, wenn sie sein zu verwaltendes Kapital in Hedgefonds oder in ausländischen Investments angelegt hätte.

Die Sparkasse wies diese Forderungen außergerichtlich zurück. Nun überlegte der Geschädigte sich eine besonders kreative Variante: Um in dem Prozess als Zeuge aussagen zu können, trat er seine behaupteten Schadenersatzansprüche an seine Mutter ab. Diese reichte daraufhin für ihn im Juli 2000 eine Zahlungsklage gegen die Sparkasse in Höhe von zirka 16 Millionen D-Mark ein. Die Forderung stützte die Klägerin u.a. auch auf eine zeitweilig fehlende Börsentermingeschäftsfähigkeit ihres Sohnes.

Während des aufwendigen Beweisaufnahmeverfahrens verstarb die Klägerin. Vorher hatte sie jedoch noch schnell ihre Forderungen an die Lebensgefährtin ihres Sohnes abgetreten. Während des Gerichtstermins im Mai 2003 schlug das Gericht eine Einstellung des Verfahrens gegen Zahlung von 500.000 Euro vor. Die Sparkasse war dazu bereit – der Geschädigte lehnte dies jedoch ab.

In einem weiteren Beweisaufnahmeverfahren im Juli 2004 wurde die Klage dann vom Landgericht Wiesbaden abgewiesen. In der Urteilsbegründung verneinte das Gericht sowohl die Schadenersatzansprüche als auch die nicht deckungsfähigen bereicherungsrechtlichen Erstattungsansprüche im Zusammenhang mit den streitigen Börsentermingeschäften des Geschädigten. Die Gegenseite legte gegen das Urteil Berufung ein – die Begründung des Rechtsanwaltes umfasste mehr als 500 Seiten.

In der Berufungsverhandlung vor dem Oberlandesgericht Frankfurt im Februar 2006 bestätigte das Gericht die Entscheidung des Landgerichtes hinsichtlich der Schadenersatzansprüche. Gleichzeitig attestierte es, dass der Geschädigte zeitweilig nicht börsenterminfähig gewesen sei. Daraufhin einigten sich die Prozessbeteiligten auf eine Vergleichszahlung der Sparkasse in Höhe von 300.000 Euro.

Die GVV hatte sich an der Vergleichszahlung nicht zu beteiligen, da das alleinige Abstellen auf die zeitweilige Börsentermingeschäftsunfähigkeit lediglich einen Rückabwicklungs-, aber keinen Schadenersatzanspruch auslöste. Der Aufwand der GVV bestand während des sieben Jahre währenden Rechtsstreites letztendlich nur in der Sichtung, Bearbeitung und Verwaltung der 4.280 Seiten starken Schadensakte.

Vertrauen ist gut – Kontrolle ist besser!

Die Verwechslung von zu operierenden Personen bzw. Körperteilen sowie das unabsichtliche Zurücklassen von Fremdkörpern im Operationsbereich können trotz vieler Bemühungen nicht abgestellt werden. Sie passieren immer wieder und können fatale Folgen für die Patienten haben. Zudem schädigen solche Nachrichten das Image des im Wettbewerb stehenden Krankenhauses nachhaltig. In solchen Fällen liegt fast immer ein erhebliches Organisationsverschulden und meistens auch ein vermeidbarer Fehler bei den Arbeitsabläufen im Krankenhaus vor.

Aus der Sicht des Haftpflichtversicherers stellt sich dann die Frage, wie es angesichts der ständigen Verbesserung von Behandlungs- und Operationsmethoden und des deutlichen Fortschritts der Medizin gleichwohl immer wieder zu solchen erheblichen Verletzungen der Sicherheitsstandards und zur Missachtung eigentlich gut zu beherrschender Risk-Management-Methoden bei der Arbeit im OP kommt. Offensichtlich werden Behandlungs- und Operationsmethoden ständig verfeinert und verbessert, nicht immer jedoch die mit ihnen einhergehenden notwendigen Arbeitsabläufe im OP. Die komplexen Arbeiten in einem Operationssaal stellen an alle Mitarbeiter hohe Ansprüche, insbesondere an ihre Kooperationsfähigkeit. Gerade hier zeigt sich, dass die einzelnen Tätigkeiten aller medizinischen Fachkräfte besonders eng miteinander verknüpft sind.

Leider sind Verwechslungen von Patienten oder Körperteilen im Zusammenhang mit der medizinisch-pflegerischen Versorgung bei ständig steigender Auslastung der Operationsabteilungen, sinkender Verweildauer, hohem Spezialisierungsgrad der Fachabteilungen bei Diagnostik und Therapie sowie in der Zusammenarbeit unterschiedlicher Berufsgruppen nicht ungewöhnlich. Verwechslungen entstehen häufig dadurch, dass die zum Patienten gehörenden Untersuchungsergebnisse, Röntgenbilder oder Dokumentationssysteme nicht komplett bzw. nicht richtig in der Patientenakte zugeordnet sind. Eine Verminderung dieses Haftungsrisikos hängt eng mit guter pflegerischer Leistung zusammen. Häufig ist auch eine fehlerhafte Organisation von

Arbeitsabläufen die Ursache für derartige Schadensfälle. Zur Vermeidung schwerwiegender Folgen von Verwechslungen muss eine Klinik ein verlässliches Informationssystem installieren, welches eine lückenlose Ablauforganisation sicherstellt und eine eindeutige Identifikation des Patienten, der Erkrankung sowie des geplanten Eingriffes ermöglicht.

Als unbedingt zu beachtender Sicherheitsstandard zur Vermeidung von vergessenen Fremdkörpern im Operationsgebiet empfiehlt sich eine penible Zählkontrolle des OP-Personals vor und nach dem Eingriff. Dies ist eigentlich eine Selbstverständlichkeit, scheint aber offenbar im OP-Alltag nicht immer hundertprozentig umgesetzt zu werden. Anders lassen sich die äußerst peinlichen und zum Teil folgenschweren Pannen in diesem Bereich nicht erklären. Dies zeigt auch der nachfolgende Fall, der sich kürzlich in einer Chirurgischen Klinik eines mittelgroßen Krankenhauses ereignete.

Zählen will gelernt sein

Nachdem in einem anderen Krankenhaus bei einem 74-jährigen Patienten Bauchspeicheldrüsenkrebs diagnostiziert worden war, wurde er zur operativen Therapie in eine Chirurgische Klinik verlegt. Dieses Krankenhaus ist versichert bei der GVV-Kommunalversicherung. Während der Operation zeigte sich, dass das Entfernen des sehr großen Tumors nicht sinnvoll war. Deshalb entschlossen die Ärzte sich zum palliativen Vorgehen,

entfernten aber die Gallenblase. Der Operationsverlauf sowie der anschließende Heilungsprozess verliefen komplikationslos.

Einige Tage später konnte bereits mit der geplanten Chemotherapie begonnen werden. Aufgrund weiterer erheblicher Schmerzen musste der Patient jedoch zirka sechs Wochen nach dem operativen Eingriff noch einmal fünf Tage stationär behandelt werden.

Der Patient klagte über ein permanentes erhebliches Druckgefühl und ein Stechen im Bauch. Selbst im Bett konnte er nicht mehr richtig liegen. Bei einer erneuten ambulanten Vorstellung – fast fünf Monate nach der Erstoperation – wurde bei einer radiologischen Untersuchung ein Fremdkörper in der Bauchhöhle entdeckt. Das angefertigte Röntgenbild zeigte eine große Klemme im Bauchraum. Offensichtlich war dem OP-Team dieser Fehler während der zurückliegenden Erstoperation unterlaufen.

Nach der Diagnosestellung erfolgte sofort die Entfernung der Klemme über einen Bauchschnitt. Die Klemme war am Wundwinkel festgeklemmt. Zu Verletzungen des Darms oder im Bauchbereich durch die Klemme war es glücklicherweise nicht gekommen. Was sich allerdings zeigte, war – wie zu erwarten – ein Fortschreiten des inoperablen Tumors trotz stattfindender Chemotherapie.

Sowohl der Patient als auch dessen Angehörige wurden von den behandelnden Ärzten über die Tatsache, dass eine Klemme vergessen worden war, umfassend informiert. Leider kam es nach der operativen Entfernung des Fremdkörpers zu einem komplizierten postoperativen Verlauf. Ein stationärer Aufenthalt von 22 Tagen war notwendig. Bald darauf meldeten sich Rechtsanwälte des Patienten und machten Schadenersatz- und Schmerzensgeldansprüche geltend. Das Krankenhaus schaltete umgehend ihren Haftpflichtversicherer – die GVV – ein. Diese erklärte sich angesichts der eindeutigen Haftungslage regulierungsbereit. Es wurde über ein Schmerzensgeld in einer Größenordnung von 5.000 bis 10.000 Euro verhandelt. Die Rechtsanwälte verwiesen auf die eindeutigen Röntgenbilder. Auch die Krankenkasse des Patienten meldete sich kurze Zeit später und machte Regressansprüche aus übergegangenem Recht geltend. Ein von der Krankenkasse befragter Gutachter bestätigte – erwartungsgemäß – den eindeutigen Behandlungsfehler und verwies darauf, dass es chirurgischer Standard sei, Klemmen, Klemmchen, Tücher, Tupfer und weitere lose Gegenstände vor und nach der Operation zu zählen, damit sie nicht bei der Operation im Bauchraum verbleiben. In diesem Fall sei die am Wundwinkel haftende Klemme übersehen worden. Der Gutachter bemängelte weiter, dass im Operationsbericht entsprechende standardmäßig durchzuführende Zählmanöver und Rückfragen zwischen Operateur und OP-Schwester nicht dokumentiert seien. Bei der weiteren Schadensabwicklung gab es zur Haftung keinen weiteren Ermittlungsbedarf.

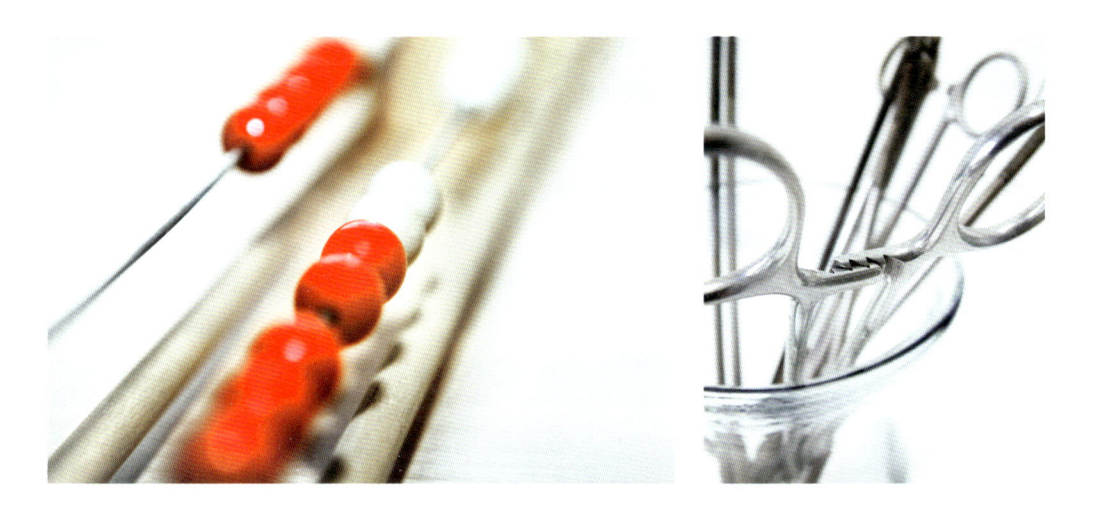

Fraglich war allerdings noch die Kausalität. Denn die vom Patienten nach der Erstoperation beklagten Beschwerden mit diffusen Bauchschmerzen und Verdauungsstörungen waren nach Auffassung des Gutachters wohl eher behandlungsfehlerunabhängig, da auf die vorliegende erhebliche Grunderkrankung, ein ausgedehntes Karzinom, zurückzuführen. Die betreffende Klemme am Wundwinkel habe zu lokalen Beschwerden geführt und nicht zu diffusen Bauchschmerzen. Es handelte sich also eher um einen Zufallsbefund bei Abklärung der bestehenden erkrankungsspezifischen Bauchbeschwerden. Allein aufgrund des ausgedehnten Tumorbefundes hatte bei dem Beschwerdebild eine konservative Vorgehensweise im Vordergrund gestanden, die Dauer des stationären Aufenthaltes war symptomabhängig verlaufen. Ob die Revisionsoperation zur Entfernung der vergessenen Klemme letztendlich zu einer wesentlichen Beeinflussung des Krankheitsverlaufs geführt hat, konnte also nicht mit eindeutiger Sicherheit festgestellt werden, zumal die Krebserkrankung des Patienten sehr rasch fortschritt. Dieser ungünstige Verlauf bestätigte sich auch durch die Resistenz des Tumors gegen die Chemotherapien.

Der Krankenkasse wurden die Kosten des zweiten stationären Krankenhausaufenthaltes erstattet. Eine Einigung mit den Anwälten des Patienten war leider bis heute nicht möglich.

2007 **Wer den Schaden hat, braucht**
Dromedare sind **für den Spott nicht zu sorgen!**
auch nur Kamele.

Das Saarland feierte im Jahr 2007 sein 50. Jubiläum. Der Neunkircher Zoo, das Aushängeschild der Kreisstadt Neunkirchen, wollte sich auf diesem Landesfest präsentieren und hatte sich dafür etwas ganz Besonderes einfallen lassen.

Oberbürgermeister a. D. Friedrich Decker

Unter dem Motto "Wir gehen meilenweit in den Neunkircher Zoo" ritt OB Friedrich Decker bei der Geburtstagsparade des Landesfestes

„SEIN KOMMENTAR LAUTETE: ‚EINMAL UND NIE WIEDER!'"

Im Jahre 2007 feierte das Saarland das 50. Jubiläum seines Beitritts zur Bundesrepublik Deutschland. Anlässlich dieses besonderen Landesfestes wartete der Neunkircher Zoo mit einer exotischen Attraktion auf: Eine Dromedarkarawane begab sich auf den Weg von Neunkirchen in die Landeshauptstadt Saarbrücken. Diese Strecke von 60 Kilometern konnte in drei Tagen mühelos bewältigt werden. Am Ziel angelangt, hatten die Dromedare aus der Familie der Kamele die Ehre, an der großen Parade zum Landesjubiläum teilzunehmen. Der Zoo schickte aber nicht seine eigenen Tiere auf die Reise, sonder lieh sich die Dromedare bei einer Kamelfarm im Allgäu. Nach drei überstandenen Tagesetappen sattelte man die Kamele in der Landeshauptstadt auf.

Der damalige Oberbürgermeister von Neunkirchen, Friedrich Decker – im Jubiläumsjahr ehrenamtliches Mitglied des GVV-Vorstandes – ritt eines der Tiere; die beiden anderen Dromedare wurden vom Neunkirchener Zoodirektor und dessen Sohn geritten. Die stilecht in kamelreitertypischer syrischer Tracht gewandeten Männer im Sattel begaben sich nun zum Festumzug. Der Karawane voraus schritt ein junger Mann mit einem Schild, das die Wüstenschiffe ankündigte. Hinter den Kamelreitern folgte eine Abordnung des Kreises Neunkirchen mit einem Motivwagen, auf dem ein zirka sechs Meter hoher Aufbau befestigt war. Nachgebildet war dort ein rund zwei Meter messender Dinosaurier. Dieses Ungeheuer aus Pappmaché schwankte seiner Bestimmung folgend äußerst bedrohlich.

Das Dromedar des Oberbürgermeisters fühlte sich offenbar erheblich durch das Urviech eingeschüchtert und wurde zunehmend unkontrollierbar für seinen Reiter. Der geneigte Leser ahnt, was kommen muss: Das Kamel ging seinem Reiter durch. Nur unter Aufbietung äußerster Kraft und reiterlichen Geschicks konnte sich der Oberbürgermeister wie in einem texanischen Rodeo im Sattel halten. Das Kamel überrannte enthemmt, nervös und verängstigt den Schildträger. Beim Sturz zerriss dem jungen

Mann der Hosenboden. Da jedoch erst ein Drittel des Zugweges absolviert war, rappelte er sich auf und setzte seinen Weg mit zerrissener Hose und ohne weitere Blessur wacker fort.

Das Dromedar hingegen verlor gänzlich die Contenance und – anstatt in Schockstarre zu verfallen – urinierte es völlig enthemmt in alle Richtungen. Die bis zu diesem Zeitpunkt noch jubelnde Menge hielt besprenkelt, besudelt und bestürzt inne!

Drei Stunden später war das Spektakel vorbei: Der Oberbürgermeister und seine beiden Reitgefährten stiegen aus den Rennsätteln ihrer Paarhufer. Jede herkömmliche Gangart bereitete ihnen größte Schwierigkeiten – musste doch der arme Oberbürgermeister Decker während des gesamten Höllenritts seine Beine gekrümmt und gleichzeitig gestreckt halten, um die Flanken des verstörten Tieres nicht unnötig zu berühren. Der Zoo Neunkirchen durfte sich über allerbeste Publicity freuen, doch für Oberbürgermeister Decker dürfte es sein letzter Kamelritt gewesen sein. Sein Kommentar lautete: "Einmal und nie wieder!"

Da Kreisstadt und Zoo bei der GVV versichert sind, wurde der Hosenschaden dort Tage später gemeldet und ohne Beanstandung erstattet. Die angepinkelten Zuschauer ergaben sich in ihr Schicksal und verzichteten auf die Geltendmachung von Schadenersatz – offenbar wäre ihnen die schriftliche Wiederaufbereitung des Spektakels unangenehm gewesen.

Klaus Peter Zwerschke, Sachbearbeiter Haftpflicht-, Unfall-, Sach- und Vermögenseigenschaden

2002 **Und er bewegt sich doch!**

Extreme Regen-
fälle führen zu einem
außergewöhnlichen
Schadensfall.

Im Sommer 2002 kam es in Siegen zu heftigen Regenfällen. Innerhalb von drei Stunden fielen 100 bis 150 Liter Regen pro Quadratmeter. Diese Mengen führten zu einem außergewöhnlichen Schadensfall, der spektakuläre Folgen nach sich zog und über den in den Medien ausführlich berichtet wurde.

Ein durch Regen verursachter Erdrutsch überschwemmte den Friedhof

In Siegen gibt es einen Friedhof mit Hanglage. Durch die extremen Regenfälle wurde ein Erdrutsch ausgelöst, der ein Gräberfeld mit 19 Grabstellen mit sich riss. Auch die Särge und Leichenteile wurden mit in die tiefer gelegenen Vorgärten und an die dortigen Häuser gespült. Vom Erdrutsch betroffen war ein in den 70er Jahren neu angelegter Abschnitt, bei dem aufgrund der Hanglage erhebliche Anschüttungen vorgenommen worden waren.

Obwohl die GVV zunächst zu der Auffassung tendierte, dass es sich allein um die Folgen einer Naturkatastrophe handelte, gab sie dennoch in Abstimmung mit der Stadt Siegen unverzüglich ein geologisches Gutachten in Auftrag, um die Ursachen des Erdrutsches zu ermitteln. Das Gutachten kam zu der Erkenntnis, dass der neu angelegte Friedhofsteil auf einer felsigen, wasserführenden Schicht aufgeschüttet worden war. Bei der Anlage des Friedhofs wurde versäumt, eine geologische Untersuchung in Auftrag zu geben.

Deshalb unterblieb auch der Einbau einer Drainage, die zur Hangsicherung unbedingt erforderlich gewesen wäre.

Aufgrund dieses Versäumnisses trat die GVV in die Regulierung des Gesamtschadens von zirka 500.000 Euro ein. Gegenstand der Regulierung waren insbesondere die Schäden der betroffenen Anlieger in deren Vorgärten und an ihren Häusern. Auch die Kosten der erneuten Bestattungen, der Wiederherstellung der Grabanlagen sowie der Beseitigung der Schäden im Gelände schlugen zu Buche. Die Schäden am eigentlichen Friedhofsgrundstück waren durch die Stadt Siegen als Eigentümerin zu tragen.

Luxushundehütte
für 50.000 D-Mark

Die Luxus-Hundehütte

Eine Kreisverwaltung am Niederrhein plante ein neues Verwaltungsgebäude, dessen sensible Bereiche von einem Wachmann mit Schäferhund bewacht werden sollten. Der Hund würde natürlich für seine Ruhezeiten eine entsprechende Unterkunft benötigen, deshalb gehörte zur Gesamtplanung des hervorragenden Neubaus auch eine „Hundehütte". Im Rausch der Planungslust hatte man unter Außerachtlassung der DIN-Vorgaben und Kostenfolgen eine zweiräumige Unterkunft mit „Luxuscharakter" erdacht und umgesetzt (Walmdach, hochwertiger Innenklinker etc.). Insgesamt beliefen sich die Aufwendungen für die „Hütte" auf zirka 50.000 D-Mark. Dem betreffenden Kreis wurde deshalb später im Übrigen der Orden „gelbe Zitrone" vom Bund der Steuerzahler verliehen.

Der Planungsfehler wurde von der GVV unter Berücksichtigung ohnehin notwendiger Kosten vergleichsweise reguliert.

Katze gefunden

In einer Stadt in Westfalen wurde eine verletzte Katze abgegeben. Das gefundene Tier wurde auf Kosten der Stadt versorgt. Die zweimonatige Betreuung durch den Tierarzt (Wundversorgung, Röntgen, zwei Operationen, Nachuntersuchungen und Hausbesuche) verursachten hohe Kosten. Am Ende der Behandlung kam es zur Einschläferung und zum Abtransport des Kadavers. Der Tierarzt stellte der Stadt schließlich eine Rechnung über zirka 1.700 D-Mark. Die Stadt stufte diese Aufwendungen als Schaden ein, da zu keinem Zeitpunkt eine Kontrolle der Verhältnismäßigkeit zwischen Aufwand und Erfolg stattgefunden habe.

Der Fall wurde unter Abzug einer Quote für vertretbare Aufwendungen reguliert.

Unfreiwillige
Aktenvernichtung

Leitungsprobleme

Die Kreisverwaltung einer rheinischen Stadt ließ eine Leitung entlang eines außerörtlichen Radweges verlegen. Bei den Ausschachtungsarbeiten stieß man auf ein entlang des Weges verlaufendes Kanalrohr. Dieses konnte man vor Ort nicht zuordnen. Die begutachtenden Fachleute des örtlichen Bauamtes stellten fest, dass der Kanal trocken war. Daher wurde er kurzerhand für überflüssig erachtet, und es wurde entschieden, bei dieser Gelegenheit den Kanal zu entfernen. Die Firma wurde damit gegen zusätzlichen Werklohn beauftragt. Nach Beendigung der Arbeiten wurde der Schacht wieder verschlossen. Einige Wochen später sammelte sich nach längeren Regenfällen Wasser auf dem Radweg. Bei näherer Begutachtung stellte man fest, dass der entfernte Kanal sehr wohl seinen Sinn gehabt hatte, da er der Entwässerung gedient hatte.

Die Aufwendungen für den Werklohn der Beseitigungsarbeiten wurden reguliert.

Varus, gib mir meine Akten wieder!

Eine Verbandsgemeinde aus Rheinland-Pfalz meldete sich voller Schrecken bei der GVV mit folgendem Sachverhalt: Sie hatte ein aufwendiges Verwaltungsgerichtsverfahren durchgeführt über die Erschließung eines großen Abrechnungsgebietes mit hohem Streitwert (mehr als eine Million D-Mark). Der Prozess war in erster Instanz nicht mit dem gewünschten Erfolg beendet worden. Es sollte Berufung eingelegt werden. Gerade hatte das Gericht die umfangreichen Originalakten (mehr als zehn Leitz-Ordner) zurückgesandt. Der zuständige Mitarbeiter deponierte diese Originalakten aus Platzmangel auf einem Sideboard in seinem Zimmer. Mit dem Reinigungsdienst der Verbandsgemeinde war in der Vergangenheit vereinbart worden, dass alle Gegenstände, die auf dem Sideboard abgelegt werden, zur Entsorgung freigegeben sind. Es kam, wie es kommen musste: Nachdem der Mitarbeiter Feierabend gemacht hatte, erschien der Reinigungsdienst. Dieser erfüllte seine vertragliche

> *„BEI DEN KRITERIEN DER STOFFAUSWAHL BESCHRÄNKTE MAN SICH OFFENBAR AUF PREIS UND FARBE."*

Verpflichtung einwandfrei, nahm alle Originalakten mit und ließ sie – unwiederbringlich – entsorgen. Die Mitarbeiter der Verbandsgemeinde waren am nächsten Morgen konsterniert und fürchteten, nun aufgrund von Nachweisproblemen Ansprüche zu verlieren. Im Nachhinein stellte sich diese Sorge als unbegründet heraus, da der Verlust der Originalunterlagen keinen Einfluss auf den Bestand oder Nichtbestand von Forderungen nahm; ein Sachverhalt, der allerdings nicht als Vermögensschaden abwicklungsfähig gewesen wäre, da die möglichen Folgen sich aus einem Sachschaden abgeleitet hätten.

Ungewollter Durchblick

Ein städtisches Krankenhaus verhandelte mit einem Hersteller über die Beschaffung neuer Arbeitskittel für das – zumeist weibliche – Pflegepersonal. Bei der Auswahl der Stoffqualität konzentrierte man sich offenbar auf Preis und Farbe. Jedenfalls war die Ernüchterung groß, als man nach Lieferung der großen Mengen (im Wert von zirka 15.000 Euro) eine erste Anprobe vornahm. Die Bekleidung erwies sich als überraschend transparent; das Krankenhaus hielt es nicht für vertretbar, den Patienten – und wohl besonders den Mitarbeiterinnen und Mitarbeitern selbst – das Tragen der Kittel zuzumuten.

Die Anschaffungskosten wurden reguliert.

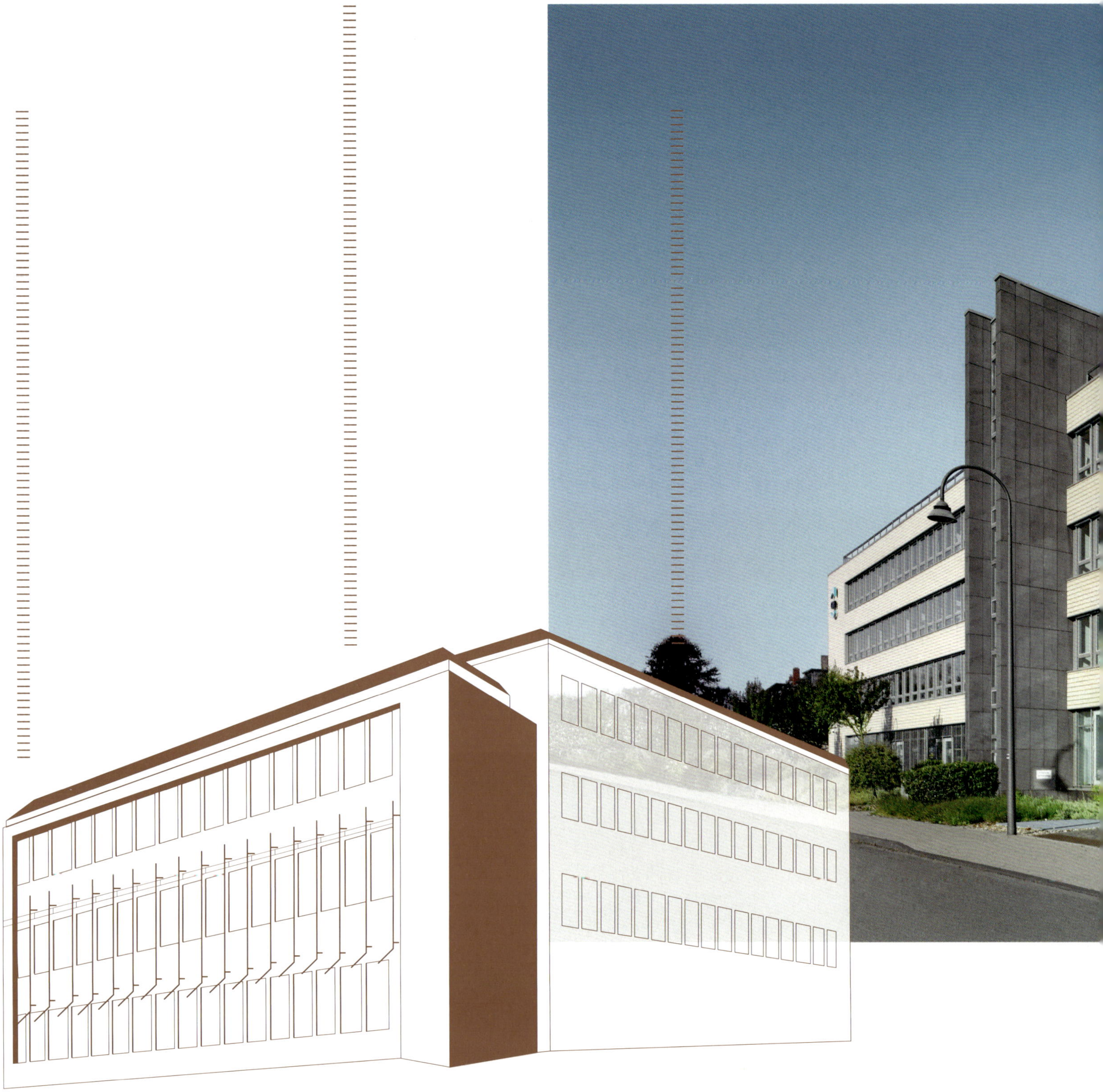

Umzug ins *neue* Haus

Wo steckt der blaue Hirsch?

||||

Die GVV-Kommunalversicherung ist mit der gesamten Belegschaft in ihrer hundertjährigen Unternehmensgeschichte erst zweimal umgezogen: 1984 von dem ursprünglichen Verwaltungsgebäude „An der Flora" in die „Aachener Straße 1040" nach Köln-Junkersdorf und ein weiteres Mal 2001 in ihr heutiges Gebäude, ebenfalls an der „Aachener Straße 952–958" in Köln-Müngersdorf.

Der Grund für den sehr kurzfristigen Standortwechsel nach nur 17 Jahren hatte einen berühmten Namen: RTL. Der Medienriese platzte an seinem direkt neben der GVV gelegenen Standort aus allen Nähten und brauchte dringend zusätzlichen Raum. Der Stadt Köln war natürlich sehr daran gelegen, dieses wichtige Unternehmen in der Stadt zu halten; es drohten Hürth oder gar Düsseldorf! Deshalb bekam das Tochterunternehmen der Stadtsparkasse Köln, die Corpus GmbH, den Auftrag, gemeinsam mit der GVV nach einem neuen Standort für die Kommunalversicherung zu suchen. Nach der Sichtung weniger gut geeigneter Objekte und Standorte erwies sich die alte Weisheit „Warum denn in die Ferne schweifen …" einmal mehr als richtig: Nur einige hundert Meter auf der Aachener Straße stadteinwärts wurde mit dem ehemaligen Rhein-Braun-Standort ein passendes Grundstück gefunden. Nun galt es, ein neues Verwaltungsgebäude zu planen und zu errichten, mit all den Überraschungen, Hindernissen sowie großen und kleinen Herausforderungen, die ein solches Neubauprojekt mit sich bringt.

Das neue Verwaltungsgebäude stellt heute mit seiner gelungenen Stahl-Glas-Konstruktion einen optisch und städtebaulich interessanten Komplex dar, ausgestattet mit modernster Technik.

1984   Aachener Straße 1040

2011   Aachener Straße 952–958
Innenhof

**Freimut Zimmerman
und Manfred Over**
Hauptverantwortliche des
Umzuges im Jahr 2001

Bauphase
Aachener Straße 952–958

Zahlreiche Umzugskartons wurde
zunächst im Keller zwischengelagert

10 Kilometer Datenkabel
und über 100 Kilometer
sonstige Kabel

Aachener Straße 1040,
Verwaltungsgebäude
von 1984 bis 2001

Nach der planerischen und baulichen Umsetzung stand eine neue Herausforderung an: der Umzug in das neue Verwaltungsgebäude. Zwei der Hauptverantwortlichen dieses Großprojektes, Freimut Zimmermann und Manfred Over, die mit einigen externen Umzugs-Spezialisten als Projektteam den Umzug organisierten und begleiteten, erinnern sich. Mehr als vier Jahre lang haben sie den Bau begleitet und den Umzug geplant, überwacht und schließlich umgesetzt. Dabei war von großem Vorteil, dass beide Kollegen bereits intensiv die Entwicklung des Rohbaus mit begleitet hatten. Somit waren sie bestens mit den neuen Gegebenheiten vertraut und konnten im Vorfeld erkennbare Schwachstellen beseitigen.

Ein solcher Umzug ist für alle Beteiligten ein bedeutender Einschnitt und eine große Herausforderung, die nur dann bewältigt werden kann, wenn alle kooperativ mitwirken und kräftig mit anpacken. Deshalb wurden zur Unterstützung des Projektteams in jeder Abteilung zwei Umzugsbeauftragte ernannt und für alle Kolleginnen und Kollegen eine siebenseitige Umzugsinformation erstellt.

Am Freitag, dem 28. September 2001, pünktlich um 12.00 Uhr war es dann endlich so weit: Der Umzug begann – und bereits am folgenden Montagmorgen um 8.00 Uhr war alles vorbei.

Geheimnisvolle Formeln

ALT 00.029.01 nach NEU 03.516.01 – was sich wie eine geheimnisvolle Computerformel anhört, waren die Kennungen auf den Umzugsetiketten, die die Örtlichkeiten des alten bzw. des neuen Arbeitsplatzes bezeichneten. „00" erhielt durch den Umzug eine völlig neue Bedeutung: Etiketten, die für die gemeinsam genutzte Ablage vorgesehen waren, endeten bei der Arbeitsplatznummer auf „00".

Aachener Straße 952–958, seit Oktober 2001 das neue Verwaltungsgebäude der GVV-Kommunalversicherung

Frühjahrsputz im Herbst

Wer einmal umgezogen ist, weiß, dass sich damit die einmalige Chance bietet, das eine oder andere, was nicht mehr unbedingt benötigt wird, zu entsorgen. So fand im Herbst 2001 eine Art Frühjahrsputz bei den Arbeitsmaterialien und den Akten statt.

Ende gut – alles gut

Am Montagmorgen waren alle PCs und Telefone angeschlossen, und die neuen Büromöbel standen an den vorgesehenen Standorten, lediglich mit den sogenannten Kellerarchiven wurde noch wochenlang gekämpft. Das lag zum einen an der riesigen Menge der Altakten, zum anderen aber auch an einer mangelhaften Organisation des zuständigen Spediteurs. Letztlich gab es jedoch kaum Mitarbeiterbeschwerden. Lediglich ein paar Kartons waren fehlgeleitet, wurden aber schnell wiedergefunden. Dass dies alles so gut vonstatten ging, war auch den ausführlichen Beschreibungen und Erläuterungen des Umzugshandbuches zu verdanken.

Neben den für alle sichtbaren Umzugsaktivitäten waren im Hintergrund auch Maßnahmen zu treffen, um das Umzugsgut zu sichern und auch die handelnden Personen zu kontrollieren, denn der eine oder andere hätte für die unterschiedlichen technischen Geräte sicherlich Bedarf gehabt. Aber auch insoweit konnte Erfolg vermeldet werden: Alles kam vollständig und ordnungsgemäß an!

Für Überraschung sorgte am Montagvormittag lediglich die Rundmail eines Kollegen mit dem Betreff: „Blauer Hirsch gesucht!" Dieser „Blaue Hirsch", eine Skulptur, war nämlich nicht in seinem Büro angekommen, was nicht daran lag, dass etwa andere Kollegen ihn in ein neues Gehege gelockt hätten und dort gefangen hielten: der „Blaue Hirsch" war auf dem Umzugsweg einfach abhanden gekommen und damit einziges Opfer des Umzugs. Bis zum heutigen Tage ist er nicht mehr aufgetaucht – aber er war gut versichert!

Joachim Engelke, Abteilungsleiter Datenverarbeitung

1978 – 2011
Die Geschichte der
Datenverarbeitung als
zentrale Abteilung

Von der Lochkarte zum Multimedia-Computer

Wer etwas über die Entwicklung der Elektronischen Datenverarbeitung bei der GVV-Kommunalversicherung erfahren will, muss ein Gespräch mit Joachim Engelke führen – dem Mann der ersten Datenverarbeitungsstunde und dem heutigen Leiter der Zentralabteilung Datenverarbeitung.

VON DER EIN-MANN-UNTERABTEILUNG ZUR ZENTRALABTEILUNG DATENVERARBEITUNG MIT 32 MITARBEITERINNEN UND MITARBEITERN

Als Systemanalytiker begann Joachim Engelke 1978 bei der GVV in der sogenannten Zentralabteilung – bestehend aus Datenverarbeitung, Buchhaltung, Personal- und Hausverwaltung. Aus der Ein-Mann-Unterabteilung entwickelte sich die heutige Zentralabteilung Datenverarbeitung mit zurzeit 32 Mitarbeiterinnen und Mitarbeitern. Viele Schritte waren notwendig, um den heutigen technischen Entwicklungsstand zu erreichen.

Zu den wichtigsten Projekten zählten für Abteilungsleiter Engelke der Jahrtausendwechsel, die Euro-Einführung und die Einführung der elektronischen Schaden- und Kfz-Vertragsverwaltung. Dabei hat das letztgenannte Projekt bis heute den nachhaltigsten Eindruck hinterlassen. Das Mammutprojekt wurde 1979 gestartet und offiziell 1980 beendet, aber eigentlich wird heute noch daran gearbeitet. Weil es 1979 noch nicht die heute sehr ausgereifte Technik gab, musste bei diesem Projekt sehr viel improvisiert und immer wieder getestet werden. Die Leistungsbereitschaft der Kolleginnen und Kollegen aus den Fachabteilungen und der wenigen DV-Mitarbeiter war außerordentlich und wird allen unvergessen bleiben.

Glücksspiele unter freiem Himmel sind verboten

Die erste Vertragsverwaltung, die ins Haus übernommen wurde, umfasste die Kfz-Verwaltung. Die Kfz-Sparte war schon damals sehr umfangreich und für das Unternehmen überlebenswichtig. Man arbeitete sprichwörtlich am „offenen Herzen". Damals gab es noch keine große Auswahl an Speichermedien, die auf den GVV-Bestand zugeschnitten war. Lediglich die Firma „Honeywell-Bull" versprach passende Produkte in ihrer Werbung. Deshalb entschied sich die GVV für deren Hardware. Aber trotz der Prospektankündigung reichte der Rechner für den Datenbestand nicht aus. Also erfolgte ein Auswechseln der Hardware: „Honeywell-Bull" war aus dem Geschäft, Siemens bekam den Zuschlag. Das klingt für heutige Ohren sehr banal, aber im

Außenansicht des Oberlichtes im
Verwaltungsgebäude „An der Flora"

Mit einem Kran wurde
die neue Siemens-
Anlage angeliefert

Verwaltungsgebäude „An der Flora" war nur begrenzter Platz in einer ehemaligen Waschküche – selbstverständlich ohne Klimatisierung. Die Siemens-Anlage – zirka eine Tonne schwer – musste damals mit einem Kran über das Haus an Ort und Stelle gehievt werden. Bei der Klimatisierung wurde improvisiert: Drohte Überhitzung, öffnete man ein Oberlicht, um Frischluft einzulassen. War das der Fall, scherzte Engelke gerne mit seinen Mitarbeitern und kreierte den Spruch: „Glücksspiele unter freiem Himmel sind verboten!"

Mittelalter des Computerzeitalters

Neben Raumfrage und Klimatisierung bestand ein weiteres Problem: Es gab in der gesamten Straße keinen Starkstromanschluss. Also musste ein Abzweig gelegt werden, worauf die GVV sechs Monate zu warten hatte. Bei Rheinhochwasser zitterte man vor Angst, dass der Keller volllaufen würde. Man befand sich sozusagen im „Mittelalter des Computerzeitalters". Zu allem Überfluss gab es in der Software auch noch einen Systemfehler: Allen Teilkasko-Kunden wurde seinerzeit automatisch der Vertrag gekündigt. Der Fehler wurde umgehend lokalisiert und dann in einer „Nacht- und Nebelaktion" behoben.

Datenverarbeitung als Dienstleister

Datensicherheit ist stets ein sensibles Thema und genießt hohe Priorität bei den verantwortlichen Vorständen. Die Einhaltung der Sicherheit ist äußerst wichtig, damit seitens der Kollegen in der Datenverarbeitung der ungestörte technische Ablauf gewährleistet werden kann. Dabei muss man sich auf die Technik verlassen können und Vorsorge treffen, dass nichts schiefgeht. So werden zum Beispiel alle aktiven Systeme des Hauses dupliziert, damit u.a. beim Ausfall eines Servers die Kernsysteme und Datenbanken den über 350 angebundenen Arbeitsplätzen weiter zur Verfügung stehen.

Holger Sichelschmidt
Teamleiter Netzwerk-
administration

Im Zeitalter von SAP ist kaum noch vorstellbar, dass vor nicht allzu vielen Jahren die Jahresabschlüsse noch über 40 Stunden technische Laufzeit benötigten. Wegen fehlender Brandmelder musste dann die Anlage rund um die Uhr beobachtet werden. Selbst der damalige Vorstandsvorsitzende schob nachts als Wachmann Dienst.

Die Kundendaten sind das Kapital eines jeden Versicherers. Deshalb wird bei der GVV auch täglich eine Differenzsicherung betrieben sowie wöchentlich der Gesamtbestand aktualisiert. Diese Daten werden im Austausch extern gesichert aufbewahrt.

Trotz aller Absicherung kann es dennoch zu Systemausfällen kommen. Solche Ausfälle bewerten die Anwender subjektiv als dauernde Arbeitsunterbrechungen, obwohl die realen Ausfallzeiten erfreulich niedrig sind.

Bereits seit Ende 1980 wird der gesamte Kfz-Bestand, wie bereits dargestellt, vollumfänglich maschinell verwaltet. In der Anfangszeit kam es zu stunden- und tageweisen Ausfällen. Zu diesem Zeitpunkt war das System noch nicht dupliziert und es musste Tag und Nacht an der Wiederherstellung gearbeitet werden. Heute gibt es beim Gesamtsystem keine Großausfälle mehr. Wenn heute etwas für kurze Unterbrechungen sorgt, sind es jeweils nur Teilsysteme.

Die GVV-Datenverarbeitung ist auch Dienstleister für den KSA Hannover. Viele Jahre haben auch der Allgemeine Kommunale Haftpflichtschaden-Ausgleich (AKHA) und der Autoschadenausgleich Deutscher Gemeinden und Gemeindeverbände (ADG) Varianten der Programme genutzt. Ebenso war die GVV-Datenverarbeitung nach der Wende beim „Aufbau Ost" für die EDV verantwortlich.

Wenn ein Unternehmen eine eigene DV aufbaut, ist es meist erforderlich, auf externe Experten zurückzugreifen. Als erster externer Spezialist wurde Jürgen Schulze vor über zehn Jahren als fester Mitarbeiter bei der GVV angestellt. Der stellvertretende Abteilungsleiter Gerhard Marx kannte das Haus durch seine Betreuungsarbeit schon sehr lange, bevor er bei der GVV angestellt wurde.

Vom Allrounder zum Spezialisten

Die rasanten Entwicklungen in der EDV gingen an Joachim Engelke nicht spurlos vorüber. Als Mann der ersten Stunde konnte er noch alle Systeme bedienen und erkannte jedes blinkende Signal – also alle Arbeiten von A bis Z. Wenn er heute nur versucht, eine Maschine anzufassen, jagen ihn mindestens drei Mitarbeiter davon. Gerade in der Datenverarbeitung gibt es Spezialisten für alles. Die EDV ist so komplex und vielfältig geworden, dass heute kein Mensch mehr alles beherrschen kann.

Den Überblick behalten:
Wartungsarbeiten am Server

Besonders wenn etwas äußerst eilig ist – wenn es irgendwo „brennt" –, muss sich der Chef stets zügeln, um nicht selbst einzugreifen.

Abteilungsleiter Engelke ist Realist, und so gestaltet er auch seine Zentralabteilung. Er schlägt keine Neuerungen nur der schönen Technik wegen vor. Das hat sich als richtiger Weg erwiesen, da durch das stetig anwachsende Geschäft die Arbeiten zunahmen und die Abteilung Datenverarbeitung helfen musste, dies zu kompensieren. Es galt immer der Grundsatz, die bestmögliche Technik für die Umsetzung der Unternehmensziele einzusetzen.

Bereits vor mehr als zehn Jahren konnte das DMS (Dokumentenmanagementsystem – papierlose Bearbeitung) in der Kfz-Abteilung eingeführt werden. Dies hat dazu geführt, dass der riesige Altaktenbestand nicht mehr mit in das neue Gebäude umziehen musste. Das System wird heute in fast allen Bereichen eingesetzt und fortlaufend an die sich weiterentwickelnden Bedürfnisse angepasst. Die GVV verfügt über eine funktionierende Datenbank, hervorragende Server, ausreichende Speichermedien und insgesamt eine zeitgemäße Technik – ist also in puncto Datenverarbeitung „auf der Höhe der Zeit".

Abschließend ist festzustellen, dass die Datenverarbeitung der GVV stets den aktuellen Anforderungen gerecht wurde und auch in Zukunft für sich in Anspruch nehmen kann: „EDV. Gewachsen aus Vertrauen."

MITARBEITER
2000 – 2010

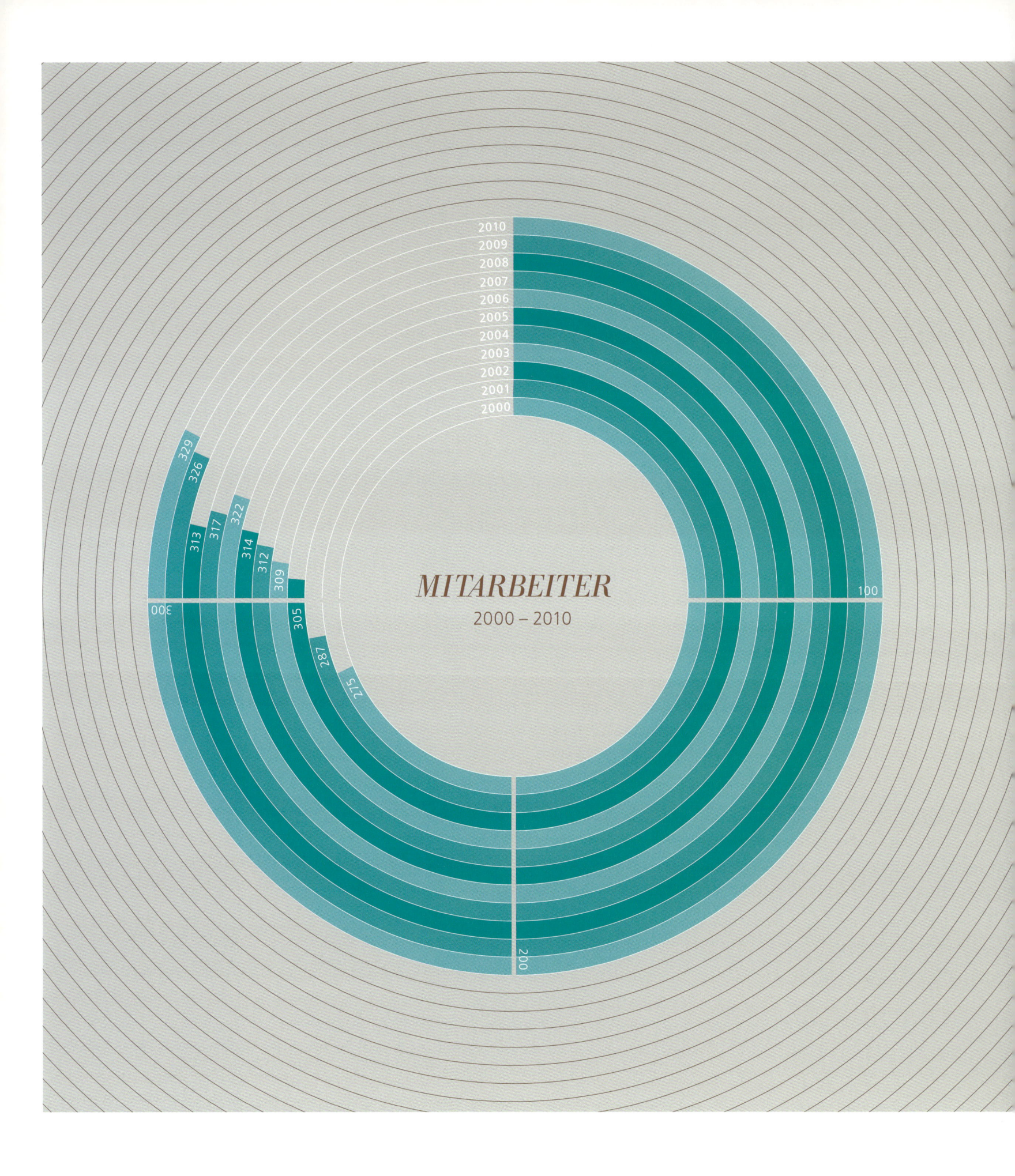

Jahr	Mitarbeiter
2000	275
2001	287
2002	305
2003	309
2004	312
2005	314
2006	322
2007	317
2008	313
2009	326
2010	329

Rund *ums* Haus

Rund ums Haus

||||

Die guten Geister im Hintergrund

Ein Gebäude ist wie eine Visitenkarte: Der erste Eindruck entscheidet auch über die Gesamteinschätzung; dabei gilt: Es gibt keine zweite Chance für den ersten Eindruck!

Außerdem ist es für das Arbeitsklima und das Wohlgefühl der Beschäftigten wichtig, in einer gepflegten Atmosphäre und funktionellen Büroräumen arbeiten zu können. Deshalb muss ein Verwaltungsgebäude – ganz besonders das eines Dienstleisters – ansehnlich und gepflegt sein und sich in das umliegende Stadtbild vorbildlich einfügen.

Zum Gesamterscheinungsbild gehören auch die Außenanlagen, die den Jahreszeiten entsprechend gepflegt und unterhalten werden müssen. Dazu zählen neben der üblichen Gartenpflege auch der Baumschnitt und der Winterdienst. Verantwortlich dafür sind bei der GVV die beiden Hausmeister, Peter Maaß und Dirk Franken, die im Verwaltungsgebäude wohnen und auch deshalb stets präsent sind.

Was für das Äußere eines Hauses gilt, muss selbstverständlich auch im Inneren seine Fortsetzung finden. Dabei kommt der Belegschaft selbst die Aufgabe zu, Ordnung zu halten und sorgfältig mit dem Inventar umzugehen. Ebenso

---

Viele Dienstleistungen werden oft als selbstverständlich angesehen. Gerade diese Leistungen sind aber für den reibungslosen Ablauf und das Erscheinungsbild der GVV-Kommunalversicherung sehr wichtig.

Peter Maaß
Hausmeister am
Standort Köln

notwendig ist aber auch ein zuverlässiger Reinigungsdienst, der täglich nach festgelegten Vorgaben die Räumlichkeiten pflegt. Diese Arbeiten werden von externen Reinigungskräften erledigt und von den Hausmeistern koordiniert, beaufsichtigt und kontrolliert.

Peter Maaß und Dirk Franken haben die Schlüsselgewalt für das gesamte Haus, sind also, wenn man so will, eine Art Petrus der GVV. Sie erledigen kurzfristig dringende Reparaturen – direkt und ohne großes Aufheben. Ist ihnen dies einmal nicht möglich, organisieren sie fremde Hilfe. Die Hausmeister sind so etwas wie die gute Seele der GVV. Peter Maaß ist darüber hinaus ein talentierter Hobbykünstler, dessen Bilder einige Büroräume verschönern.

„Im Dutzend billiger ..."

Manchmal stehen aber selbst Hausmeister vor scheinbar unlösbaren Aufgaben, so geschehen im ursprünglichen Gebäude an der Flora: Dort fuhr eines Freitagnachmittags ein Sattelschlepper mit riesigem Anhänger vor. Auf Nachfrage stellte der Hausmeister fest, dass der komplette Zug Toilettenpapier für die GVV-Kommunalversicherung geladen hatte. Die Verwaltung bestätigte die Korrektheit der Bestellung – sogar durch den damaligen Vorstandsvorsitzenden höchstpersönlich. Nun war der Hausmeister gefordert, er musste diese riesige Menge an Toilettenpapier verstauen. In den vier Verwaltungsgebäudeteilen wurden alle verfügbaren Lager, Keller und sonstigen freien Plätze mit den weichen Rollen befüllt. Selbst vier Jahre später musste noch eine nennenswerte Menge Toilettenpapier mit in die Aachener Straße umziehen. Der Stückpreis muss wohl extrem günstig gewesen sein!

Die Schaltzentrale der GVV

Wie wichtig ein kompetenter und freundlicher Empfang für ein kundenorientiertes Unternehmen ist, bedarf keiner besonderen Betonung. Wer dafür ein lebendiges Beispiel sucht, sollte einfach mal der GVV einen Besuch abstatten. Die beiden Damen des Empfangs, Hanny Sedlaczek und Gertrud Mika, bestechen durch ihre natürliche Freundlichkeit und ihre stets verbindlichen Auskünfte, ob am Telefon oder im persönlichen Gespräch. Für jeden finden sie den richtigen Ton und vermitteln sofort den Eindruck, tatsächlich willkommen zu sein. Gemeinsam mit ihrem Kollegen Dirk Roettgen sind sie ein erfahrenes Team, das schon viele Jahre für die GVV tätig ist, sei es beim Bedienen der Telefonzentrale, der Buchung der Besprechungsräume oder der Verplanung der Dienstfahrzeuge.

Hanny Sedlaczek
Mitarbeiterin
am Empfang

HERZLICH WILLKOMMEN BEI DER GVV-KOMMUNAL-VERSICHERUNG!

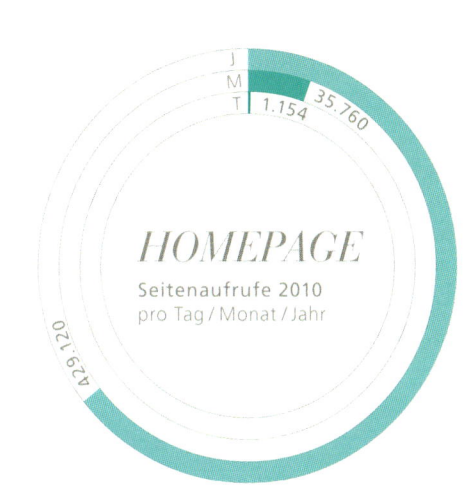

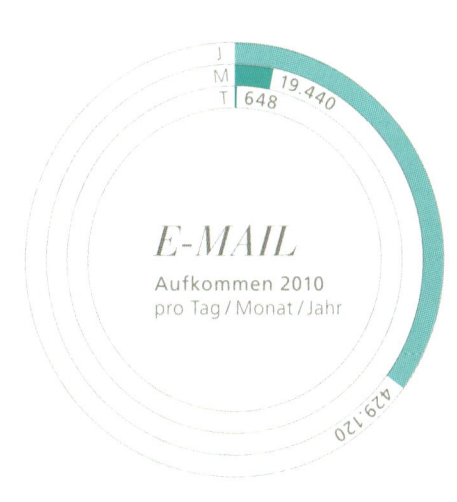

HOMEPAGE
Seitenaufrufe 2010
pro Tag / Monat / Jahr
T 1.154
M 35.760
J 429.120

TELEFON
Aufkommen 2010
pro Tag / Monat / Jahr
T 1.771
M 53.858
J 646.300

E-MAIL
Aufkommen 2010
pro Tag / Monat / Jahr
T 648
M 19.440
J 429.120

Mehr als 100 Essens-
portionen am Tag

Einmal „Currywurst mit Pommes" bitte!

Für das leibliche Wohl im Haus zeichnet Norbert Kern mit seinen drei Mitarbeiterinnen verantwortlich. Er bereitet seit über 14 Jahren täglich mehr als 100 Essensportionen für die Belegschaft sowie externe Kasinobesucher zu. Wie in fast allen Kantinen ist auch bei der GVV „Currywurst mit Pommes" der Renner. Norbert Kern fragt seine Gäste oftmals nach ihren Essenswünschen, denn sein Essensangebot soll Freude bereiten. Gerne lässt er sich inspirieren und probiert neue Gerichte aus. So fühlt man sich fast wie zu Hause. Die Küchenmannschaft bietet neben dem täglichen Mittagstisch ein morgendliches Frühstück an und ist für die Getränkeautomaten sowie den Etagen- und Konferenzservice verantwortlich.

Hinter den Kulissen der Poststraße

Ein Versicherungsunternehmen muss sich auf die Logistik im Hause verlassen können. Konkret bedeutet dies, dass die tägliche Post pünktlich und regelmäßig – in Papierform oder elektronisch – verteilt bzw. umgehend versandt wird. Hierfür sorgen die vier Beschäftigten der Poststelle. Bereits um 7.00 Uhr geht die erste Post ein. Ein weiterer Schwung kommt bereits eine Stunde später ins Haus. Die letzte Post verlässt das Haus nachmittags um 16.00 Uhr. Der überwiegende Teil der Eingangspost wird in die Etagenpost gegeben. Nach Durchsicht durch die zuständigen Abteilungsleiter werden die Einsendungen innerhalb des Dokumentenmanagementsystems (DMS) gescannt. Diese digitalen Eingänge erscheinen in den elektronischen Postkörben der jeweiligen Teamleiter. Von dort werden sie je nach Qualifikation und Arbeitsbelastung an die jeweiligen Teammitglieder verteilt.

Norbert Kern
Küchenchef im
GVV-Kasino

Rudolf Pospiech
Vorstandsfahrer

Sicherheit vermeidet Ärger

Das Team der Poststelle wird zeitweise durch den Vorstandsfahrer Rudolf Pospiech unterstützt. Er ist „Herr" über alle Dienstwagen. Der Cheffahrer verantwortet die Fahrzeugpflege und die technische Ordnungsmäßigkeit der Fahrzeuge, damit sich jeder Fahrer auf die Sicherheit der Dienstwagen verlassen kann.

Sicherheit wird aber auch beim GVV-Verwaltungsgebäude großgeschrieben. Ein solch markantes Gebäude zieht nicht nur willkommene Besucher an. Also muss die Sicherheit Tag und Nacht gewährleistet sein. Tagsüber erledigt das der Empfang, der auf Bildschirmen – zum Teil mit Gegensprechanlagen – die Zugänge des Hauses beobachten kann. Im Notfall besteht die Möglichkeit, einen Hilferuf abzusetzen.

Aber gerade nachts und am Wochenende müssen Vorkehrungen gegen Einbrüche getroffen werden, unter anderem durch einbruchhemmendes Glas, innere und äußere Bewegungsmelder, Rauchmelder und generelle Alarmanlagen. Dank der GVV-Sicherheitsanlagen gelang es zum Beispiel der Polizei, einen Sprayer an einem der Nachbarhäuser zu identifizieren.

Der Sicherheit der Belegschaft dienen regelmäßig durchgeführte Räumungsübungen, um im Ernstfall zu gewährleisten, dass das Gebäude geordnet und sicher verlassen wird.

Über 100 Kilometer Kabel

Für das Funktionieren der gesamten Haustechnik rund um die Uhr ist die Firma Böhmker seit über 20 Jahren und bereits in der zweiten Generation verantwortlich. Durch sie werden alle Arbeiten vom Austauschen der Leuchtkörper bis zur Steuerung der komplexen Leitwarte erledigt.

Die „Gebäudeleittechnik" überwacht die Heizung, die Lüftung, die Klimatisierung, die Aufzüge, die Fassadenfahranlagen, die Jalousien, das Licht, die Steckdosen in den Teeküchen und die Technik der Kundenberatung sowie die Telefonanlage. Bereits bei der Planung und Konzeptionierung des neuen GVV-Verwaltungsgebäudes wurde großer Wert auf eine effiziente technische Ausstattung gelegt. So wurden im Haus zehn Kilometer Datenkabel und über 100 Kilometer sonstige Kabel für elektronische Brandmelder, Wasserdetektoren, Telefon, Starkstrom usw. verlegt.

Bei so viel moderner Technik denkt die GVV auch in besonderem Maße ökologisch: So ist zum Beispiel die Kühlung der Hausklimatisierung mit der Außentemperatur gekoppelt und im Winter völlig autark. Besprechungsräume werden nur bei Benutzung klimatisiert, das Licht wird abends gelöscht und der Strom in den Teeküchen automatisch aus- und eingeschaltet.

Jörg Volkmann
Haustechniker
Elektro Böhmker GmbH

||||

Gesundheit wird von der GVV großgeschrieben

So wie die Technik rund um die Uhr reibungslos funktionieren muss, sollten sich auch die Beschäftigten fachlich und körperlich fit halten. Letzterem dient der regelmäßig stattfindende Gesundheitstag mit Themen wie Stressabbau, Fitness, Bewegung und gesunde Ernährung. Dieser wird, dem veränderten Essverhalten entsprechend, durch gesundheitsbewusste Speisenzubereitung und -angebote, kaum tierische Fette und einem täglichen Salatbüffet in der Kantine Rechnung getragen. Bei der Gestaltung der Arbeitsplätze wird viel Wert auf Prävention und Gesundheitsvorsorge gelegt. Dass Bewegung für viele kein Fremdwort ist, zeigt die rege Beteiligung beim alljährlichen Kölner Firmenlauf. In den letzten beiden Jahren konnten sogar Pokale für besonders häufige Teilnahme errungen werden, was für zusätzliche Motivation und neuen Ansporn sorgte. In der Betriebssportmannschaft wird wöchentlich Fußball gespielt. Hierbei steht neben der sportlichen Betätigung auch der Spaß im Vordergrund. Ab und an wird die Trainingsleistung in Spielen gegen befreundete Unternehmen gemessen. Zahlreich errungene Urkunden und Pokale belegen den Erfolg der Betriebssportmannschaft der GVV.

Die jährlichen Betriebsausflüge fördern das menschliche Miteinander, insbesondere die abteilungsübergreifende Kommunikation. Dies ist für einen Dienstleister mit über 300 Beschäftigten wichtig und erfolgsfördernd. In diesem Kapitel hätte über alle Abteilungen und Funktionen berichtet werden können, denn letztendlich sind alle Aufgaben und sämtliche Mitarbeiterinnen und Mitarbeiter für das Funktionieren und den Erfolg der GVV bedeutend. Berichtet wurde diesmal gezielt über Personen, die oftmals im Hintergrund agieren, aber für den täglichen reibungslosen Geschäftsablauf unverzichtbar sind.

Kathleen Hornjak und Benjamin Schütte, Sachbearbeiterin Kraftfahrt-Schaden und Kundenberater GVV-Privat

1969/2006   **GVV als Arbeitgeber**

Kathleen Hornjak und Benjamin Schütte

Interview mit der dienstältesten Mitarbeiterin Kathleen Hornjak und einem der dienstjüngsten Mitarbeiter, Benjamin Schütte, über ihren Arbeitgeber.

Beide Mitarbeiter haben etwas gemeinsam: Sie begannen ihre Tätigkeit bei der GVV an einem 1. September – der eine 2006, die andere 37 Jahre früher. Als Kathleen Hornjak ihre Berufstätigkeit aufnahm, war Benjamin Schütte noch nicht geboren.

Wie war Ihr Start bei der GVV?

||||

Frau Hornjak Ich habe mein Berufsleben bei dem Kommunalen Schadenausgleich Hessen in der Abteilung Schülerunfall begonnen. Ich hatte die Höhere Handelsschule abgeschlossen und wollte zur Überbrückung etwas Geld verdienen für eine Ausbildung zur Dolmetscherin. Aus dem „Zwischendurch" sind dann über vierzig Jahre geworden.

Herr Schütte Sehr gut, ich habe meine Ausbildung zum Kaufmann für Versicherung und Finanzen – Fachrichtung Versicherung – vor mehr als vier Jahren bei der GVV begonnen.

In welcher Abteilung sind Sie heute beschäftigt?

||||

Frau Hornjak In der Kraftfahrt-Schaden-Abteilung Wiesbaden. Dort bearbeite ich seit 1995 mit einer weiteren Kollegin die Kaskoschäden. Seit diesem Jahr arbeite ich auch nur noch 25 Stunden in der Woche. Damals war ich in Wiesbaden die erste Sachbearbeiterin, die Teilzeit arbeiten konnte. Heute gibt es hier mehrere teilzeitbeschäftigte Kollegen.

Herr Schütte Ich arbeite seit Sommer 2009 in unserer Kundenberatung in Köln. Unsere Hauptaufgaben bestehen darin, Angebote zu erstellen und telefonische Anfragen der Kunden und Interessenten zu beantworten.

Haben Sie auch andere Abteilungen kennengelernt?

||||

Frau Hornjak Ja, in den über 40 Dienstjahren – immer in Wiesbaden – habe ich vor der Bearbeitung der Kaskoschäden die Aufgaben der Abteilungen Schülerunfall, Kfz-Vertrag und Bediensteten-Schäden kennengelernt. Von 1992 bis 1995 habe ich eine Babypause eingelegt.

Herr Schütte Während meiner Ausbildung habe ich alle Abteilungen des Hauses durchlaufen. In den wichtigsten Spartenabteilungen wurde ich sogar drei Monate lang eingesetzt. Bereits während der Ausbildung war die Kundenberatung meine Lieblingsabteilung.

"Wenn ich morgens komme, weiß ich nie genau, was der Tag so alles bringt. Dies finde ich spannend und motivierend."

Benjamin Schütte

Wie sind Sie zur GVV gekommen?

||||

Frau Hornjak Damals besuchte ich einen Stenografiekurs. Dort lernte ich die Tochter meines späteren Chefs kennen. Von ihr erfuhr ich, dass der Kommunale Schadenausgleich Hessen Mitarbeiter suchte. Ich habe mich beworben, wurde getestet und für gut befunden. Leider wurde damals in Wiesbaden noch keine Ausbildung angeboten. Deshalb habe ich Jahre später den Versicherungsfachwirt im Abendstudium abgeschlossen.

Herr Schütte Über einen Fußballkollegen, dessen Vater – Michael Alfers – bei der GVV beschäftigt ist. Bereits während meiner Schulzeit auf der Höheren Handelsschule lernte ich die GVV durch ein Praktikum kennen. So konnte ich schon vor der Bewerbung mal die Luft des Arbeitsalltags schnuppern.

Was gefällt Ihnen an Ihrer Arbeit und macht Ihnen Freude?

||||

Frau Hornjak Besonders gut gefallen mir die Selbstständigkeit und die übertragene Verantwortung bei der Schadensregulierung. Gut finde ich auch, dass zweimal im Jahr Personalgespräche geführt werden. So erfahre ich, wie mein Vorgesetzter mich und meine Leistungen einschätzt. Ich kann mich damit auseinandersetzen, danach ausrichten und meine Meinung dazu äußern. Das schafft Klarheit und Vertrauen und hilft in der täglichen Zusammenarbeit.

Freude bereitet mir der telefonische Kundenkontakt. Eine Reihe unserer Mitglieder kenne ich seit Jahrzehnten. Das erleichtert es, so manche knifflige Aufgabenstellung unkompliziert zu erledigen. Und im Privatkundenbereich hat man es täglich mit den unterschiedlichsten Menschen zu tun. Das ist immer wieder eine Herausforderung. Ich bin ein Fan der papierlosen Bearbeitung. Ich freue mich, keine Papierakten mehr zu bearbeiten – mein Schreibtisch ist immer aufgeräumt. Ich will nicht unerwähnt lassen, dass die Einführung der flexiblen Arbeitszeit gerade für Mütter ein großer Gewinn war. Das hätte ich mir gewünscht, als meine Kinder noch klein waren. Sehr gut gefällt mir auch unser neues, modernes Bürogebäude. In meinem Zimmer mit Blick auf den Park fühle ich mich außerordentlich wohl.

Herr Schütte Zum einen der telefonische Kontakt zu den Kunden bzw. Interessenten, zum anderen aber auch das spartenübergreifende Arbeiten. Wenn ich morgens komme, weiß ich nie genau, was der Tag so alles bringt. Das finde ich spannend und

„Freude bereitet mir der telefonische Kundenkontakt. Eine Reihe unserer Mitglieder kenne ich seit Jahrzehnten. Das erleichtert es, so manch knifflige Aufgabenstellung unkompliziert zu erledigen."

Kathleen Hornjak

motivierend. Ich bin sehr froh, in einem äußerst kollegialen Team beschäftigt zu sein. Die Zusammenarbeit macht mir große Freude. Als junger Kollege finde ich es gut, dass auch für die fachliche Weiterbildung gesorgt wird und verschiedene Schulungen angeboten werden.

Was gefällt Ihnen weniger gut?

Frau Hornjak Ich habe den Eindruck, dass man früher mehr als Mensch wahrgenommen wurde. Das Arbeitsklima hat sich verändert. Es ist anonymer, wir selbst sind gläsern geworden. Für einen Austausch unter Kollegen bleibt kaum Zeit. Das nimmt die Arbeitsfreude. Schade.

Herr Schütte Natürlich unzufriedene und dadurch auch unfreundliche Kunden. Lästig finde ich Routine und Eintönigkeit. Wobei ich sagen muss, dass für mich vieles in der Kundenberatung noch spannend ist, denn ich bin ja noch nicht so lange dabei.

Wenn Sie es könnten, was würden Sie ändern?

Frau Hornjak Ich würde versuchen, eine ausgeglichenere Arbeitsverteilung zu erzielen.

Herr Schütte Ich würde noch mehr junge Leute beschäftigen, die könnten wir gut gebrauchen. Junge Leute haben Spaß an der Arbeit und wollen normalerweise beruflich noch etwas erreichen.

Würden Sie nochmals bei der GVV beginnen?

Frau Hornjak Ja, aber dann würde ich auf eine Ausbildung drängen. Gerne hätte ich persönlich noch mehr andere Abteilungen und unterschiedlichste Aufgaben kennengelernt. Wenn ich die GVV-Leistungen und den Umgang mit den Mitarbeitern im Vergleich zu anderen Unternehmen sehe, fühle ich mich bei der GVV noch immer gut aufgehoben.

Herr Schütte Ein dickes JA, die Ausbildung war sehr persönlich und jeder im Hause kennt die Azubis und geht freundlich mit ihnen um.

Empfehlen Sie die GVV als Arbeitgeber?

Frau Hornjak Ja, uneingeschränkt!

Herr Schütte Auf jeden Fall! Aber nicht jedem, denn Versicherung ist ein Geschäft, das nicht zu jedem Typ passt. Viele haben das Vorurteil: „Versicherung bedeutet Klinken putzen!" Diese Kritiker versuche ich mit dem Argument zu überzeugen, dass unterschiedlichste und interessante Aufgaben auf einen Versicherungskaufmann warten. Das kann ich mit vielen positiven Erfahrungen hier belegen.

Was wünschen Sie sich persönlich für Ihre Zukunft?

Frau Hornjak In zweieinhalb Jahren beginnt meine passive Phase der Altersteilzeit. Bis dahin will ich in bester Gesundheit und mit voller Schaffenskraft mein Berufsleben zu einem guten Abschluss bringen. Danach möchte ich meine Rente in vollen Zügen noch lange genießen und vieles tun, wozu ich jetzt weder Zeit noch Muße habe.

Herr Schütte Wenn ich meine geplante Weiterbildung erfolgreich abgeschlossen habe, würde ich gerne bei der GVV meinen weiteren beruflichen Weg suchen und auch gehen. Letztendlich muss man positiv auf sich aufmerksam machen. Dies ist in meinem Hobby, dem Fußball, nicht anders als im Job.

Bitte vollenden Sie den folgenden Satz: Ich gratuliere der GVV und wünsche dem Unternehmen für die Zukunft …

Frau Hornjak …. dass es noch lange auf Erfolgskurs bleibt und mindestens noch weitere hundert Jahre besteht!

Herr Schütte … alles Gute und dass sie die kommenden hundert Jahre erfolgreich besteht!

Heribert Rohr, Wolfgang Schwade, Horst F. Richartz und Thomas Uylen
Hauptamtlicher Vorstand der GVV-Kommunalversicherung VVaG und GVV-Privatversicherung AG

Einblick in die Zukunft
Eine Vision

Prognosen sind schwierig, besonders wenn sie die Zukunft betreffen.
Mark Twain

Wolfgang Schwade, Horst F. Richartz, Heribert Rohr und Thomas Uylen werfen einen Blick auf das Jahr 2061. Wie wird sich die GVV-Kommunalversicherung an die stetig wachsenden Anforderungen ihrer Mitglieder anpassen und welchen Veränderungen werden sich die Kommunen stellen müssen? Ein Blick, der auch anders ausgehen kann …

Köln, 20. Juni 2061

Im Kölner Gürzenich feiert die GVV-Kommunalversicherung mit zugeschalteter Videobotschaft von Doppelbundeskanzlerpaar David James McAllister und Manuela Schwesig ihr 150. Jubiläum. Nur noch wenige können sich an die Feierlichkeiten des Jahres 2011 erinnern. Der damalige Auszubildende der Abteilung Datenverarbeitung, Benjamin Ley (67), heute Leiter der Abteilung für Datenverarbeitung und virtuelle Kundenbetreuung, zieht Bilanz: Einiges ist seit dem 100. Jubiläum geschehen. Die Kommunen haben in einer sich immer weiter globalisierenden Welt eine Vielzahl zusätzlicher Aufgaben übernommen. Das föderale System der Bundesrepublik kennt nur noch vier Länder: Norddeutschland, Ostdeutschland, Westdeutschland und Süddeutschland. Deutschland ist ein Bundesland der Vereinigten Staaten von Europa. GVV-Kommunal ist der Kommunalversicherer für Westdeutschland.

Die Kommunen haben die Polizeiangelegenheiten als eigenständige Aufgabe übertragen bekommen und sind auch Dienstherren für Lehrer sowie verantwortlich für die neuen Wissenszentren, von denen aus die Studenten digital unterrichtet werden, nachdem sie zuvor in Kinderhäusern bis zum 16. Lebensjahr erzogen wurden. Das eröffnet auch den Müttern neue Perspektiven im Arbeitsleben. Verwaltungsgebäude und Schulen gibt es nur noch wenige, längst werden die Bürgeranliegen von Heimarbeitsplätzen aus bearbeitet, und Unterricht findet über den Monitor statt.

Auf dem Energiesektor hat die 2011 angekündigte Revolution stattgefunden. Elektro- und Wasserstoffautos sorgen mittels Induktions- und Satellitensteuerung für Stau- und CO_2-freien Individualverkehr in den urbanen Zentren. Öffentliche Lufttaxis stellen die Verbindung in die entlegeneren ländlichen Räume her.

Einzelne spektakuläre Schäden im Rahmen der Nutzung der Geothermie haben die 2011 besonders schadensintensive Windräderproblematik und die kostenintensiven Lehman-Bank-Fälle abgelöst und die Notwendigkeit der unbegrenzten Deckung im Haftpflichtbereich eindrucksvoll unterstrichen. Die neue Stadt Susalippia, der Zusammenschluss der Städte Soest und Lippstadt, hätte aufgrund der erforderlichen Evakuierung des Stadtteils Hellweg ansonsten Insolvenz anmelden müssen.

Jeder dritte Bundesbürger ist heute älter als 65 Jahre und jeder zweite der in Deutschland lebenden 65 Millionen Menschen pflegebedürftig. Die Seniorenehrenamtsgemeinschaft ist mit ihren Hilfeleistungen für Alleinlebende sowie mit ihrem umfassenden Nachbarhausservice bei der GVV-Kommunal versichert. Die Kommunen koordinieren ehrenamtliche Dienstleistungen, wobei die Aktion „Rentner helfen sich selbst" besonderen Zuspruch erfährt.

Jeder muss neben 30 Stunden wöchentlicher Arbeitszeit noch 15 Stunden für die örtliche Gemeinschaft leisten. Nur dadurch konnten gewaltsame Auseinandersetzungen zwischen Jung und Alt und Arm und Reich abgewendet werden. Nachdem in einzelnen Städten die Friedhofskapazitäten wegen der auf das Dreifache angestiegenen Sterbefallzahl gegenüber Geburten erschöpft sind, wird durch örtliche Satzungen die Feuerbestattung vorgeschrieben und das

Verstreuen der Asche auf Privatgrundstücken erlaubt. Der Altenquotient ist nur dank der „Rente mit 75" von 34 auf lediglich 50 gestiegen, obwohl man 2011 noch von einem Quotienten von 60 ausging.

Der 1. FC Köln errang 2061 zum dritten Mal in Folge die Deutsche Meisterschaft im Fußball unter dem 72-jährigen Trainer Mesut Özil, was zu einem Belagerungszustand des GVV-Gebäudes an der Aachener Straße führte, die wegen der nicht zu bändigenden Anhänger komplett gesperrt werden musste.

Die Technik hat sich rasant weiterentwickelt. Roboter übernehmen Aufgaben der Menschen. Der intelligente Kühlschrank bestellt die notwendigen Lebensmittel automatisch, der 24-Stunden-Lieferservice durch DHL liefert per Satellitensteuerung die Nahrungsmittel umgehend aus. An der Haustür werden sie ohne menschliches Zutun entgegengenommen und im Kühlschrank – geordnet nach Haltbarkeitsdaten – verstaut.

Das Know-how der qualifizierten Mitarbeiter der GVV wird leihweise den Mitgliedern zur Verfügung gestellt. Speziell entwickelte Präventionspläne senken die Prämien. Neue Produkte sind Versicherungen gegen Cyber-Angriffe auf das eigene Computernetz und Datenklau, gegen Windflauten bei Windparkbetreibern sowie weitere innovative Versicherungsprodukte zur Anpassung an den Klimawandel. Außerdem ist eine Gebührenausfallversicherung neu auf dem Markt, um sich gegen die zunehmend insolventen Gebührenschuldner abzusichern. Des Weiteren versichert die GVV in ihrem Geschäftsgebiet flächendeckend die den kommunalen Mitarbeitern eingepflanzten Chips, die dazu dienen sicherzustellen, dass die in Heimarbeit Beschäftigten tatsächlich ihrer Arbeit nachgehen und sich nicht zum virtuellen Golfspiel in der städtischen Gesundheits- und Fitnessarena treffen.

Die GVV-Kommunalversicherung hat sich zu einem umfassenden Dienstleister weiterentwickelt, der seinen Mitgliedern nicht nur Versicherungen anbietet, sondern Vorort-Service auch im Bereich Kapitalanlagen und Schuldenmanagement. Aufgrund zunehmender Naturkatastrophen ist eine All-Gefahrendeckung verpflichtend eingeführt worden, und die GVV hilft aktiv bei Schadensverhütungsmaßnahmen mit. Eine „Schock-Event-Versicherung", die bei lokalen Katastrophen wie UFO-Abstürzen, Wasserstoffkraftwerksexplosionen oder wegen der lang anhaltenden Dürre auftretenden Pandemien mit Assistance-Leistungen und Krisenmanagement hilft, erfreut sich größter Beliebtheit.

Die GVV-Kommunalversicherung hat sich den vielfältigen Veränderungen der vergangenen Jahre erfolgreich gestellt und dort, wo diese zu besonderen Herausforderungen und Problemen für die Mitglieder führten, durch effiziente und spezifische Produkte Hilfestellungen und Problemlösungen bereitgehalten.

Die Zeit bleibt nicht stehen, und auch die nächsten 50 Jahre werden neue Anforderungen an die GVV-Kommunalversicherung mit sich bringen, für die sie bestens gewappnet und gerüstet ist, damit es auch 3011 heißen kann: „GVV. (Weiter-)Gewachsen aus Vertrauen".

Persönliches

100 Jahre GVV-Kommunalversicherung VVaG ...

Brunhilde Hausdorf
Schreibkraft //
Haftpflicht-, Unfall-, Sach- und
Vermögenseigenschaden //

„... bedeuten für mich Beständigkeit und Zuverlässigkeit. Die GVV hat sich dem Wandel der Zeiten angepasst. Als Spezialversicherer bietet sie unseren Mitgliedern bedarfsgerechten Versicherungsschutz. Für mich ist die GVV darüber hinaus zeitgemäßer Arbeitgeber, bei dem ich mich sehr wohl fühle."

Stefan Odenthal
Teamleiter //
Kraftfahrt-Schaden //

„... geben mir das schöne Gefühl, hieran über 20 Jahre mitgestaltet zu haben."

Elfriede Müller
Sachbearbeiterin //
Kraftfahrt-Schaden //

„... heißt für mich, 30 Jahre davon in diesem Unternehmen zu sein und dessen gesamte Weiterentwicklung in personeller, technischer und wirtschaftlicher Hinsicht hautnah miterlebt zu haben."

Ralf Bittner
Sachbearbeiter //
Haftpflicht- und
Unfall-Schaden //

„... zeigen, dass die GVV eine sinnvolle Initiative im Sinne der kommunalen Selbstverwaltung ist, die sich aus Sicht der Mitglieder als beständig erwiesen hat. Es ist ein fortwährendes verantwortliches Ringen darum, das erfolgreiche Unternehmen zu optimieren, der ernsthafte Einsatz vieler mit zahlreichen kleinen und großen Handreichungen, mit dem bodenständigen Ziel, den Kommunen ihre freie Entfaltung zu ermöglichen."

Andreas Beil
Sachbearbeiter //
Haftpflicht- und
Unfall-Schaden //

„... bedeutet früher und heute kompetente Beratung und maßgeschneiderter Versicherungsschutz für kommunale Risiken."

Beate Schuster
Sachbearbeiterin //
Marketing //

„… sind für mich der Beweis, dass eine solide Gemeinschaft auch über einen langen Zeitraum funktioniert."

Nurten Sevük und Barbara Schroeter
Sachbearbeiterinnen //
Haftpflicht-, Unfall-, Sach- und Vermögenseigenschaden //

„… sind für uns ein Grund, der GVV einmal ‚auf die Schultern zu klopfen': Gut gemacht, GVV! Ein Jahrhundert lang gewachsen, entwickelt, sich den Herausforderungen der Zeit gestellt und sich dabei doch treu geblieben. So stand und steht die GVV als feste Konstante für ihre Mitglieder, als solider, vertrauensvoller, offener und fairer Partner an deren Seite. Wir freuen uns auf ein tolles Jubiläum."

Lieselotte Klimmek, Patrick Nöthen und Thomas Nöthen
Sekretärin, Sachbearbeiter und Netzwerkbetreuer //
Personal, Kraftfahrt-Vertrag und Datenverarbeitung //

„… erinnern uns daran, dass inzwischen drei Mitglieder unserer Familie im Unternehmen sind. Dies spricht für einen guten Arbeitgeber und eine erfolgreiche Ausbildung."

Hannelore Schmitz
Schreibkraft //
Haftpflicht-, Unfall-, Sach- und Vermögenseigenschaden //

„… lässt mich an folgende Begebenheit denken: Am 1. September 1990 fing ich bei der GVV an. Ein paar Tage später fand der Betriebsausflug statt, an dem ich teilnahm, obwohl es mir dabei sehr mulmig zumute war, da ich kaum Kollegen kannte. An einem runden Tisch standen einige Personen, auf die ich zielstrebig zuging. Dabei sprach mich ein Herr an und sagte: ‚Sie kenne ich aber nicht', worauf ich erwiderte: ‚Ich Sie auch nicht.' Dieser Herr stellte sich dann als Vorstandsvorsitzender Müller vor. Wir stießen mit einem Glas Sekt an, und er wünschte mir eine gute ‚GVV-Zeit'. Diese dauert nun schon über 20 Jahre an."

Markus Mohlberg
Vorstandsassistent //

„… stehen für Sicherheit, Beständigkeit und Solidarität innerhalb der kommunalen Gemeinschaft. Dieser Zusammenhalt spiegelt sich auch im Unternehmen wider und zeigt deutlich, dass ein kollegiales Miteinander eine der wichtigsten Tragsäulen ist. Auch in Zukunft steht die GVV-Kommunalversicherung ihren Mitgliedern als verlässlicher Partner mit kompetenter Beratung und umfassender Betreuung zur Seite, und ich freue mich bereits jetzt auf das 125-jährige Jubiläum!"

Christel Reidemeister
Software-Entwicklerin //
Datenverarbeitung //

„… zeigen mir, dass das Prinzip der gegenseitigen Unterstützung funktioniert, und ich hoffe, dass das in den nächsten 100 Jahren weiterhin so bleibt."

Winfried Braun
Abteilungsleiter //
Kraftfahrt-Schaden //

„… sind für mich die Bestätigung einer zutreffenden Idee, die im Laufe unterschiedlichster Jahrzehnte fortentwickelt und den Bedürfnissen im kommunalen Bereich angepasst wurde. Ich bin froh, dass ich an dieser Entwicklung über einen größeren Zeitraum teilnehmen durfte."

Holger Strauch
Dokumentenservice //

„… für mich ein sicheres Gefühl, einen verlässlichen Partner an meiner Seite zu haben."

André Birr
Kundenberater //
GVV-Privat //

„… machen mich stolz, ein Mitarbeiter dieses Unternehmens zu sein, denn ein solches Jubiläum steht für Kontinuität, Wachstum und Vertrauen."

Friedhelm Berchem
Mitgliedsberater //
GVV-Kommunal //

„… sind gerade für mich als ehemaligen Kommunalbediensteten der Beweis, dass die Idee lebt: kommunale Solidarität und Zusammenarbeit durch gemeinsame Absicherung – ganz ohne Provision, Aktionäre, Finanzspekulanten oder wirtschaftliche Drittinteressen."

Thomas Uylen
Vorstand //

„… sind ein eindrucksvoller Beweis für die Weitsicht und Handlungsfähigkeit der kommunalen Selbstverwaltung in Deutschland."

Peter Neumann
Stv. Abteilungsleiter //
Haftpflicht-, Unfall-, Sach- und Vermögenseigenschaden //

„… verbinde ich nach annähernd 30-jähriger Tätigkeit in der Eigenschadenversicherung mit interessanten Bearbeitungsinhalten, mit lebhafter fachlicher Kommunikation und mit vielen dabei entstandenen angenehmen persönlichen Kontakten, sowohl im eigenen Haus als auch im Mitgliederkreis. Und wenn die GVV im Wandel der Zeit 100 Jahre erfolgreich Bestand gehabt hat, dann kann in unserer langjährigen Arbeit nicht alles schlecht gewesen sein; vielmehr denke ich: Wir müssen ziemlich viel ganz gut gemacht haben!"

Anja Gladbach
Kundenberaterin //
GVV-Privat //

„… nehme ich zum Anlass, einfach mal auch ein Dankeschön an ein Unternehmen zu richten, das mir als Teilzeitkraft den Weg in den beruflichen Wiedereinstieg durch verständnisvolle Vorgesetzte und durch die Hilfe der kernlosen Arbeitszeit erleichtert hat."

Hans-Thomas Wolf
Teamleiter //
Kraftfahrt-Schaden //

„… machen mir deutlich, Mitarbeiter eines Unternehmens zu sein, bei dem im Umgang miteinander noch eine Wertekultur gelebt wird, die heutzutage leider nicht mehr alltäglich ist. Ich bin jetzt über 30 Jahre bei der GVV-Kommunal beschäftigt und habe dies noch keinen Tag bereut. Besonders schätze ich es, dass ich als Mitarbeiter die Möglichkeit habe, aktiv mein Arbeitsumfeld mitzugestalten."

Gunnar Mertens
Betriebsrat Köln //
Betriebsratsvorsitzender (Köln) //

„… sind ein Beweis für die hervorragende Arbeit ihrer Mitarbeiterinnen und Mitarbeiter. Diese leistungsstarke und motivierte Belegschaft bleibt auch weiterhin das Fundament und der Motor für noch viele weitere erfolgreiche Jahre unseres Unternehmens."

Burkhard Bersem
Abteilungsleiter //
Haftpflicht-, Unfall-, Sach- und Vermögenseigenschaden //

„… sind doch tatsächlich siebenundsechzigeinhalb Jahre, bevor ich endlich anfing zu dieser zeitlos jungen Institution gelebter kommunaler Familie zu gehören."

Monika Küpper und Hannelore Schmitz
Schreibkräfte //
Haftpflicht-, Unfall-, Sach- und Vermögenseigenschaden //

„… bedeuten 100 Jahre in dem Gemeindeversicherungsverband, in dem Hand in Hand gearbeitet wird. Versichert sind bei der GVV Mann und Frau. Bearbeitet wird jeder Schaden, ob in Köln oder Wiesbaden. Deshalb soll man auf die weiteren 100 Jahre schauen, mit dem Slogan ‚Gewachsen aus Vertrauen'."

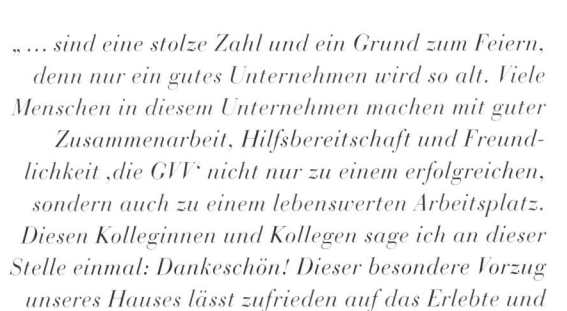

Robert Radermacher
Webentwickler //
Datenverarbeitung //

„… sind eine stolze Zahl und ein Grund zum Feiern, denn nur ein gutes Unternehmen wird so alt. Viele Menschen in diesem Unternehmen machen mit guter Zusammenarbeit, Hilfsbereitschaft und Freundlichkeit ‚die GVV' nicht nur zu einem erfolgreichen, sondern auch zu einem lebenswerten Arbeitsplatz. Diesen Kolleginnen und Kollegen sage ich an dieser Stelle einmal: Dankeschön! Dieser besondere Vorzug unseres Hauses lässt zufrieden auf das Erlebte und zuversichtlich in die Zukunft blicken."

Anhang
Mitglieder des Vorstandes

Von	Bis	Amtsbezeichnung	Vorname	Nachname	Mitglied
1911	1914	Bürgermeister	Anton	Dengler	Godesberg
1911	1924	Bürgermeister	Aloys	Kuth	Vingst
1911	1947	Bürgermeister	Georg	von Wehren	Rauxel
1914	1920	Bürgermeister	N.N.	Heynen	Friemersheim
1920	1934	Amtsbürgermeister	Robert Adam	Thomas	Weißenthurm
1925	1958	Dr. jur.	Josef	Schulte	Köln
1943	1945	Bürgermeister	Paul	Haupt	Neuwied
1947	1960	Stadtdirektor	Heinrich	Dr. jur. Claes	Leverkusen
1948	1961	Verwaltungsrechtsrat	Walter	Dr. jur. Odenbreit	Datteln
1957	1964	Landrat	Heinrich	Salzmann	Trier
1957	1991	Verbandsdirektor	Rolf-Diether	Dr. jur. Brinkmann	Köln
1958	1971	Direktor	Hans	Engelhardt	Köln
1960	1970	Stadtdirektor	Wilhelm	Wagener	Bensberg
1961	1966	Geschäftsführer des Gemeindetages Westfalen-Lippe	Karl-Heinz	Dr. jur. Storsberg	Datteln
1965	1973	Landrat	Martin	Urbanus	Daun/Eifel
1966	1970	Oberstadtdirektor	Kurt	Busch	Göttingen
1969	1973	Landrat	Alfred	Schneider	Weilburg
1969	1980	Verbandsdirektor	Heinz	Dr. Rübig	Wiesbaden
1970	1984	Gemeindedirektor	Hans	Schlömer	Overath
1971	1977	Hauptgeschäftsführer	Hans-Albert	Dr. Berkenhoff	Düsseldorf
1974	1981	Bürgermeister	Karl-Heinz	Dr. Storsberg	Rüsselsheim
1974	1981	Landrat	Hanns	Kraemer	Bad Ems
1978	1994	Verbandsdirektor	Günter	Müller	Köln
1978	1995	Hauptgeschäftsführer des Deutschen und des Nordrhein-Westfälischen Städte- u. Gemeindebundes, Düsseldorf	Peter Michael	Dr. Mombaur	Düsseldorf
1981	1993	Bürgermeister	Hans	Karl	Griesheim
1982	1984	Landrat	Norbert	Dr. Heinen	Montabaur
1985	1989	Stadtdirektor	Albert	Cramer	Würselen
1985	1992	Landrat	Waldemar	Dr. Marner	St. Wendel
1986	1988	Verbandsdirektor	Klemens	Molinari	Köln
1988	2005	Verbandsdirektor	Egon	Dr. Plümer	Köln
1989	1993	Stadtdirektor	Georg	Dr. Rogge	Hürth
1990		Verbandsdirektor	Horst F.	Richartz	Köln
1993	2002	Stadtdirektor	Horst	Dr. Eller	Espelkamp
1993	2002	Landrat	Albert	Nell	Daun
1994	2005	Bürgermeister	Wolf	Schrader	Aarbergen
1994		Verbandsdirektor	Thomas	Uylen	Köln
1995	2003	Hauptgeschäftsführer des Deutschen und des Nordrhein-Westfälischen Städte- und Gemeindebundes, Düsseldorf	Friedrich-Wilhelm	Heinrichs	Düsseldorf

Von	Bis	Amtsbezeichnung	Vorname	Nachname	Mitglied
2002	2007	Landrat	Franz-Josef	Schumann	St. Wendel
2002		Verbandsdirektor	Wolfgang	Schwade	Lippstadt/Köln
2003		Verbandsdirektor	Heribert	Rohr	Köln
2004		Hauptgeschäftsführer des Deutschen Städte- und Gemeindebundes NRW	Bernd Jürgen	Schneider	Düsseldorf
2005		Landrat	Bertram	Fleck	Simmern
2006		Bürgermeister	Eberhard	Dr. Fennel	Hünfeld
2008		Oberbürgermeister	Friedrich	Decker	Neunkirchen

Mitglieder des Vorstandsbeirates

Von	Bis	Amtsbezeichnung	Vorname	Nachname	Mitglied
2002	2004	Hauptgeschäftsführer des Deutschen Städte- und Gemeindebundes NRW	Bernd-Jürgen	Schneider	Düsseldorf
2002	2005	Bürgermeister	Eberhard	Dr. Fennel	Hünfeld
2002	2005	Landrat	Bertram	Fleck	Simmern
2002	2010	Bürgermeister	Elmar	Reuter	Olsberg
2005	2008	Oberbürgermeister	Friedrich	Decker	Neunkirchen
2005	2009	Landrat	Alfred	Jakoubek	Darmstadt-Dieburg
2005		Oberbürgermeister	Peter	Labonte	Lahnstein
2008		Landrätin	Daniela	Schlegel-Friedrich	Merzig
2010		Bürgermeister	Franz-Josef	Moormann	Kaarst
2010		Bürgermeister	Karl-Heinz	Schäfer	Pohlheim

Mitglieder des Aufsichtsrates

Von	Bis	Amtsbezeichnung	Vorname	Nachname	Mitglied
1911	1913	Bürgermeister	Heinrich	Rosell	Hermülheim
1911	1916	Bürgermeister	Heinrich	Brünsing	Mechernich
1911	1920	Amtmann	Carl Heinrich	Bullrich	Heepen
1911	1920	Bürgermeister	Max	Schmidt	Altenkirchen
1911	1920	Amtmann	Eduard	Schnitzler	Gescher
1911	1923	Amtmann	Karl	Berkermann	Eickel
1911	1923	Bürgermeister	Johann Wilhelm	Krake	Kupferdreh
1911	1929	Bürgermeister	Nikolaus	Kirsten	Beurig
1915	1923	Bürgermeister	N.N.	Breidbach	Horrem
1916	1920	Bürgermeister	N.N.	Sauren	Weiden
1921	1923	Landrat	Erich	Dr. Klausener	Recklinghausen
1921	1928	Bürgermeister	N.N.	Effelsberg	Koblenz-Lützel
1921	1928	Bürgermeister	Franz	Richter	Nothberg
1921	1933	Landrat	Gustav	Dr. von Stein	Zell a.d. Mosel
1921	1933	Amtmann	Karl	von Eichstedt	Bockum/Hövel
1921	1934	Amtmann	Frido	Engelhardt	Enger
1924	1926	Amtmann	N.N.	von Borries	Bestwig
1924	1930	Bürgermeister	Johannes	Evers	Vorst
1925	1932	Bürgermeister	Werner	Disse	Hermülheim
1925	1932	Bürgermeister	Friedrich	Dr. Puller	Schwelm
1925	1934	Bürgermeister	Joseph	Breuer	Werden
1925	1934	Landrat	Heinrich	Goedecke	Siegen
1927	1931	Bürgermeister	Ernst	Ebberg	Kreuztal
1929	1932	Bürgermeister	Hermann-Josef	Doetsch	Münstermaifeld
1929	1932	Bürgermeister	Johannes	Haack	Langerwehe
1931	1934	Bürgermeister	Heinrich	Neusen	Anrath
1931	1934	Bürgermeister	Heinrich	Salzmann	Zeltingen
1932	1933	Bürgermeister	Karl	Thiel	Blankenstein/Ruhr
1932	1937	Landrat	Herbert	Barthel	Lüdinghausen
1933	1937	Bürgermeister	Friedrich	Möller	Herdeke
1933	1940	Landrat	Wilhelm	Struve	Koblenz
1934	1937	Landrat	Gottfried	Krummacher	Gummersbach
1934	1945	Bürgermeister	Walter	Dr. Kappes	Bensberg
1934	1945	Bürgermeister	Willi	Dr. Peters	Schwelm
1934	1945	Bürgermeister	Heinrich	Goß	Hermülheim
1934	1945	Amtsbürgermeister	Paul	Henter	Bornheim
1934	1945	Amtsbürgermeister	N.N.	Lorek	Bochum
1943	1945	Bürgermeister	Eugen	Dr. Schiefer	Dudweiler
1943	1945	Amtsbürgermeister	Friedrich	Dr. Willeke	Marl
1943	1945	Oberbürgermeister	August	Düsterloh	Wattenscheid
1943	1945	Amtsbürgermeister	Paul	Lichterfeld	Kornelimünster
1943	1945	Landrat	Heinrich	Lövenich	Köln

Von	Bis	Amtsbezeichnung	Vorname	Nachname	Mitglied
1943	1945	Amtsbürgermeister	Erich	Neumann	Neukirchen-Vluyn
1943	1945	Amtsbürgermeister	Hans	Paff	Losheim
1943	1945	Bürgermeister	Bertram	Schumacher	Monschau
1943	1945	Amtsbürgermeister	Franz	von Damaros	Hausberge
1947	1957	Gemeindedirektor	Peter	Dietzer	Langenfeld
1947	1959	Gemeindedirektor	Jakob	Eich	Rodenkirchen
1947	1961	Oberkreisdirektor	Ludwig	Feinendegen	Kempen
1948	1952	Landrat	Hermann	Dr. Schüling	Ahrweiler
1948	1953	Präsident des Deutschen Städtebundes	Josef	Breuer	Essen
1948	1954	Amtsdirektor	Wilhelm	Frentrup	Spenge
1948	1955	Stadtdirektor	Wilhelm	Kiwit	Ahlen
1948	1956	Landrat	Heinrich	Salzmann	Oberlahnstein
1948	1957	Oberkreisdirektor	Erich	Dr. Moning	Siegen
1948	1957	Amtsdirektor	August	Rautenberg	Blankenstein/Ruhr
1948	1959	Stadtdirektor	Wilhelm	Dr. Saurbier	Menden
1948	1963	Amtsbürgermeister	Karl	Rittel	Ruwer
1948	1965	Gemeindedirektor	Heinrich	Huisken	Übach-Palenberg
1952	1957	Amtsbürgermeister	Richard	Schledorn	Wallhausen
1952	1965	Geschäftsführer des Gemeindetages Nordrhein	Josef	Dr. Göb	Bad Godesberg
1955	1963	Amtsdirektor	Alfons	Dr. Post	Bocholt
1955	1966	Amtsdirektor	Eduard	Meyer zu Hoberge	Halli i.W.
1957	1961	Stadt- und Amtsbürgermeister	Hans	Dr. Kemming	Remagen
1957	1965	Landrat	Werner	Urbanus	Ahrweiler
1957	1967	Stadtdirektor	Ludwig	Gottschalg	Rheinhausen
1957	1969	Stadtdirektor	Erich	Blumenroth	Gevelsberg
1957	1972	Oberkreisdirektor	Paul	Dr. Schulze	Schwelm
1959	1963	Stadtdirektor	Klaus	Dr. Müller	Wetter/Ruhr
1959	1975	Gemeindedirektor	Josef	Dr. Müllenbusch	Grefrath
1960	1966	Bürgermeister	Hubert	Schreiner	Saarlouis
1960	1968	Bürgermeister	Georg	Bauer	Bendorf
1960	1974	Landrat	Ferdinand	Bungart	Homburg/Saar
1960	1974	Geschäftsführer des Saarl. Städte- und Gemeindetages	Franz	Jung	Saarbrücken
1961	1984	Oberkreisdirektor	Paul	Kieras	Siegburg
1962	1973	Stadt- und Amtsbürgermeister	Leo	Thönnissen	Linz/Rhein
1963	1967	Amtsbürgermeister	Wilhelm	Nohn	Gillenfeld/Eifel
1963	1967	Oberbürgermeister	Fritz	Schuster	Saarbrücken
1963	1972	Amtsdirektor	Wilhelm	Nagel	Freckenhorst
1963	1976	Stadtdirektor	Gerhard	Dr. Groot	Soest
1965	1966	Landrat	Hans	Keller	Zell/Mosel
1966	1968	Erster Beigeordneter des Rheinischen Gemeindetages	Clemens	Dahm	Bad Godesberg

Von	Bis	Amtsbezeichnung	Vorname	Nachname	Mitglied
1966	1970	Gemeindedirektor	Josef	Dr. Rürup	Hückelhoven-Ratheim
1966	1973	Landrat	Heinz	Korbach	Ahrweiler
1966	1976	Stadt- und Amtsdirektor	Hans	Liese	Meschede
1967	1968	Stadtdirektor	Hans	Koch	Langenfeld
1967	1971	Oberstadtdirektor	Walter	Dr. Bauer	Leverkusen
1967	1974	Bürgermeister	Eduard	Jakobs, MdL	Dillingen
1967	1978	Amtsbürgermeister	Matthias	Winter	Trier
1968	1969	Gemeindedirektor	Hans	Schlömer	Overath
1968	1970	Stadtdirektor	Peter	Dr. Kentenich	Bergisch Gladbach
1968	1984	Stadt- und Verbandsbürgermeister	Toni	Kahl	Vallendar
1969	1973	Bürgermeister	Karl-Heinz	Dr. Storsberg	Rüsselsheim
1969	1976	Stadtkämmerer	Rudolf	Brecht	Offenbach
1969	1977	Bürgermeister	Hans	Mandel	Viernheim
1969	1978	Bürgermeister	Werner	Hessemer	Bad Hersfeld
1969	1981	Erster Landesdirektor	Erich	Pfeil	Kassel
1970	1976	Amtsdirektor	Josef	Heinrichs, MdL	Mariaweiler
1970	1977	Gemeindedirektor	Ulrich	Syttkus	St. Augustin
1971	1978	Stadtrechtsdirektor	Ludwig	Hipleh	Mainz
1972	1977	Amtsdirektor	Hermann	Dr. Gietz	Ibbenbüren
1972	1990	Stadtdirektor	Hans-Hermann	Dr. Schröer	Kleve
1973	1974	Landrat	Hanns	Kraemer	Bad Ems
1973	1995	Sparkassendirektor	Sieghardt	Leienbach	Altena/Westf.
1974	1975	Landrat	Kurt	Linnikus	Merzig/Saar
1974	1975	Oberbürgermeister	Fritz	Schuster	Saarbrücken
1974	1976	Bürgermeister	Willi	Zinnkann	Büdingen
1974	1979	Landrat	Dieter	Dr. Braun-Friderici	Trier
1974	1981	Bürgermeister	Hans	Karl	Griesheim
1975	1984	Landrat	Waldemar	Dr. Marner	St. Wendel
1975	1984	Stadtdirektor	Wilhelm	Kolvenbach	Bergheim/Erft
1976	1977	Stadtkämmerer	Axel	Lüdersen	Offenbach
1976	1979	Oberbürgermeister	Oskar	Lafontaine	Saarbrücken
1976	1980	Bürgermeister	Roland	Manz	Büdingen
1976	1984	Stadtdirektor	Albert	Cramer	Würselen
1976	1992	Stadtdirektor	Wilhelm	Ferlings	Paderborn
1976	1995	Bürgermeister	Helmut	vom Schemm	Gevelsberg
1977	1981	Stadtrat und Kreistagsvorsitzender	Hans	Hölzer	Mühlheim/M.
1977	1989	Bürgermeister	Hubert	Dr. Schlephorst	Rüdesheim
1977	1989	Stadtdirektor	Walter	Sauer	Datteln
1977	1995	Stadtdirektor	Wilhelm	Dirkmann	Werl
1978	1980	Oberbürgermeister	Rudi	Schmitt	Wiesbaden
1978	1981	Bürgermeister	Karl	Metzger	Speicher
1979	1981	Landrat	Norbert	Dr. Heinen	Montabaur

Von	Bis	Amtsbezeichnung	Vorname	Nachname	Mitglied
1979	1987	Ltd. Stadtrechtsdirektor	Alfred	Pretscher	Mainz
1979	1993	Beigeordneter	Peter	Prof. Dr. Bähr	Saarbrücken
1980	1984	Oberbürgermeister	Hans	Martin	Hanau
1980	1993	Bürgermeister	Wolf	Schrader	Aarbergen
1981	1987	Landesdirektor	Tilman	Dr. Pünder	Kassel
1981	1988	Bürgermeister	August	Justen	Kell
1981	1992	Bürgermeister	Hermann	Bellinger	Hadamar
1982	1985	Landrat	Severin	Bartos	Cochem
1982	1995	Bürgermeister	Hans-Werner	Börs	Kriftel
1984	1985	Oberbürgermeister	Hanno	Dr. Drechsler	Marburg
1984	1989	Stadtdirektor	Georg	Dr. Rogge	Hürth
1984	1990	Oberkreisdirektor	Siegfried	Dr. Hentschel	Mettmann
1984	1992	Oberbürgermeister	Albert	Nell	Mayen
1985	1988	Landrat	Egon	Dr. Plümer	Bad Neuenahr-Ahrweiler
1985	1989	Landrat	Fritz	Gasper	Bitburg
1985	1993	Stadtdirektor	Otto	Fell	Bergisch Gladbach
1985	1995	Oberbürgermeister	Hans	Martin	Hanau
1987	1992	Landesdirektorin	Irmgard	Gaertner	Kassel
1987	1997	Oberbürgermeister	Herman-Hartmut	Weyel	Mainz
1988	1992	Bürgermeister	Karl	Becker	Wittlich
1989	1992	Landrat	Gerd	Danco	Bad Ems
1989	1993	Stadtdirektor	Horst	Dr. Eller	Espelkamp
1989	1997	Stadtdirektor	Claus-Dieter	Härchen	Eschweiler
1989	1999	Landrat	Peter Paul	Weinert	Montabaur
1990	1995	Bürgermeister	Winfried	Dr. Stephan	Kelkheim
1990	1997	Stadtdirektor	Siegfried	Dr. Honert	Langenfeld
1990	2005	Landrat	Rudolf	Kersting	Kleve
1992	1995	Landesdirektorin	Barbara	Stolterfoht	Kassel
1992	1998	Bürgermeister	Michael Georg	Witzel	Trier
1992	2000	Stadtdirektor	Werner	Dr. Schmeken	Paderborn
1992	2000	Landrat	Franz-Josef	Schumann	St. Wendel
1992	2002	Bürgermeister	Bernd	Sonnhoff	Herborn
1993	1996	Oberbürgermeister	Anno	Vey	Ingelheim
1993	1997	Stadtdirektor	Walter	Dr. Quasten	St. Augustin
1993	1997	Stadtdirektor	Hans	Puchert	Alsdorf
1993	2002	Geschäftsf. Vorstandsmitglied	Wolfgang	Prof. Dr. Knapp	Saarbrücken
1994	1998	Landrat	Dietrich	Dr. Kaßmann	Heppenheim
1995	1998	Oberbürgermeister	Walter	Froneberg	Wetzlar
1995	2000	Bürgermeister	Bernd	Abeln	Dreieich
1995	2000	Stadtdirektor	Rudolf	Böhm	Datteln
1995	2000	Bürgermeister	Hermann	Walter	Everswinkel
1995	2001	Bürgermeister	Bruno	Döring	Bad Soden-Salmünster

Von	Bis	Amtsbezeichnung	Vorname	Nachname	Mitglied
1995	2002	Sparkassendirektor	Hans	Meermann	Bielefeld
1995		Hauptgeschäftsführer	Emil	Dr. Vesper	Wuppertal
1996	1998	Oberbürgermeister	Karl-Heinz	Groß	Lahnstein
1997	2000	Stadtdirektor	Manfred	Palmen	Kleve
1997	2000	Bürgermeisterin	Anke	Riefers	Sankt Augustin
1997	2000	Bürgermeister	Wolfgang	Schwade	Lippstadt
1997	2002	Stadtdirektor	Roland	Schäfer	Bergkamen
1997	2006	Landesdirektor	Lutz	Bauer	Kassel
1998	2002	Bürgermeister	Helmut	Hagedorn	Wittlich
1998	2003	Bürgermeister	Holger	Goßmann	Wiesbaden
1998	2003	Landrat	Jürgen	Hasheider	Homberg/Efze
1998	2004	Bürgermeister	Alfred	Pitzen	Hillesheim
1999	2002	Landrat	Bertram	Fleck	Simmern
2000	2002	Geschäftsführer des StGB NRW	Bernd-Jürgen	Dr. Schneider	Düsseldorf
2000	2002	Bürgermeister	Heinz	Paus	Paderborn
2000	2002	Bürgermeister	Elmar	Reuter	Olsberg
2000	2003	Bürgermeister	Hans-Ulrich	Dr. Krüger	Voerde
2000	2003	Landrat	Kurt	Schmidt	Bad Ems
2000	2005	Bürgermeisterin	Maria Theresia	Opladen	Bergisch Gladbach
2000	2010	Bürgermeister	Karl August	Dr. Morisse	Pulheim
2001	2002	Bürgermeister	Eberhard	Dr. Fennel	Hünfeld
2001	2008	Bürgermeister	Bernhard	Brehl	Mörfelden-Walldorf
2002	2004	Bürgermeister	Klaus	Hörsting	Verl
2002	2005	Oberbürgermeister	Friedrich	Decker	Neunkirchen
2002	2005	Bürgermeister	Klaus	Korfsmeier	Hiddenhausen
2002	2005	Oberbürgermeister	Peter	Labonte	Lahnstein
2002	2009	Bürgermeisterin	Lucia	Puttrich	Nidda
2002	2010	Sparkassendirektor	Dieter	Dr. Brand	Bielefeld
2002	2010	Bürgermeister	Franz-Josef	Moormann	Kaarst
2002	2010	Bürgermeister	Walter	Weinbach	Weißenthurm
2002		Bürgermeister	Michael	Hofnagel	Taunusstein
2002		Bürgermeister	Wilhelm	Stodollick	Lünen
2003	2005	Landrat	Alfred	Jakoubek	Darmstadt-Dieburg
2003	2005	Ständige Vertreterin des Geschäftsführers des Städtetages NRW	Monika	Kuban	Köln
2003		Landrat	Claus	Schick	Ingelheim
2004	2009	Bürgermeister	Winfried	Manns	Konz
2004		Oberbürgermeister	Klaus	Kaminsky	Hanau
2005	2007	Oberbürgermeister	Joachim	Rippel	Homburg
2005	2008	Bürgermeister	Peter	Nebelo	Bocholt
2005	2010	Bürgermeister	Helmut	Predeick	Oelde
2005		Bürgermeister	Harald	Birkenkamp	Ratingen
2005		Bürgermeister	Uwe	Dr. Friedl	Euskirchen

Von	Bis	Amtsbezeichnung	Vorname	Nachname	Mitglied
2005		Bürgermeister	Erhard	Pierlings	Meinerzhagen
2005		Bürgermeister	Harald	Semler	Bischoffen
2005		Landrat	Wolfgang	Spreen	Kleve
2006		Landesdirektor	Uwe	Brückmann	Kassel
2007	2008	Landrätin	Daniela	Schlegel-Friedrich	Merzig
2008	2010	Oberbürgermeister	Gregor	Kathstede	Krefeld
2008	2010	Bürgermeister	Karl-Heinz	Schäfer	Pohlheim
2008		Bürgermeister	Wolfgang	Alles	Freisen
2009		Bürgermeister	Aloysius	Söhngen	Prüm
2010		Bürgermeister	Walther	Boecker	Hürth
2010		Bürgermeister	Michael	Dreier	Salzkotten
2010		Bürgermeister	Bernhard	Halbe	Schmallenberg
2010		Bürgermeister	Wolfgang	Pantförder	Recklinghausen
2010		Landrat	Erich	Pipa	Gelnhausen
2010		Bürgermeister	Edmund	Schaaf	Montabaur
2010		Bürgermeister	Paul	Weimann	Oestrich-Winkel

Vorsitzende und stv. Vorsitzende des Betriebsrates Köln

Von	Bis	Vorsitzender	Stellvertreter
1970	1975	Hermann Pohl	Erna Graff
1975	1978	Dieter Schön	Verena Bakker
1978	1979	Dieter Schön	Volker Käseberg
1979	1980	Volker Käseberg	Heinrich Nagel
1980	1981	Heinrich Nagel	
1981	1984	Werner Klar	Hermann Pohl
1984	1987	Ernst Braun	Burkhard Bersem
1987	1990	Gunnar Mertens	Harold Schwarz
1990	1994	Klaus Kubella	Peter Neumann
1994	1995	Winfried Graf	Angelika Mergenbaum
1996	1998	Winfried Graf	Manuela Meier-Hassenrück
1998	1999	Klaus Zwerschke	Winfried Graf
1999	2002	Klaus Zwerschke	Brunhilde Hausdorf
2002	2008	Gunnar Mertens	Michael Strauß
2008	2010	Gunnar Mertens	Gotthard Bodag
seit	2010	Gunnar Mertens	Robert Radermacher

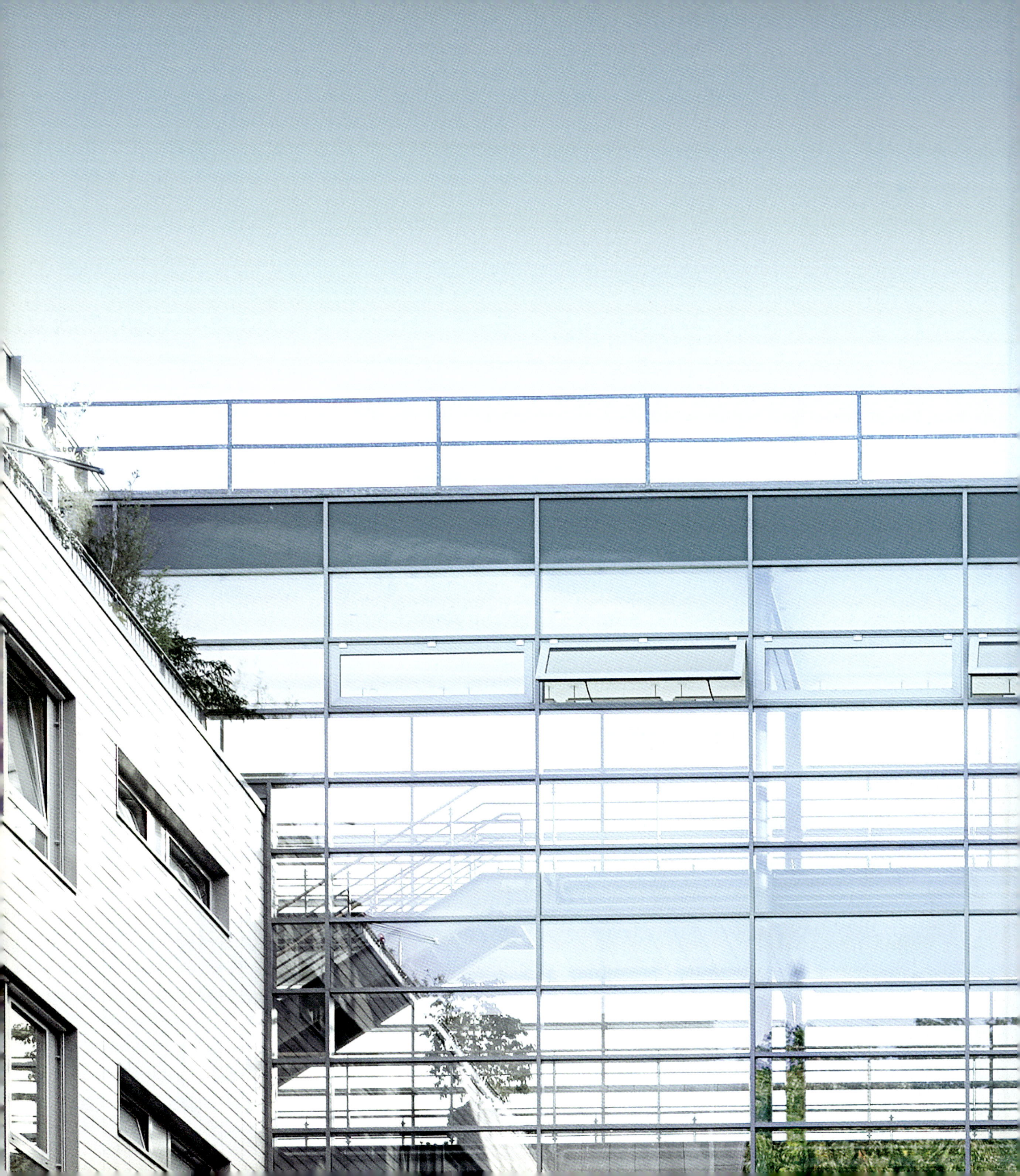

seit 2001   Neue Hauptniederlassung Köln
„Aachener Straße 952–958"

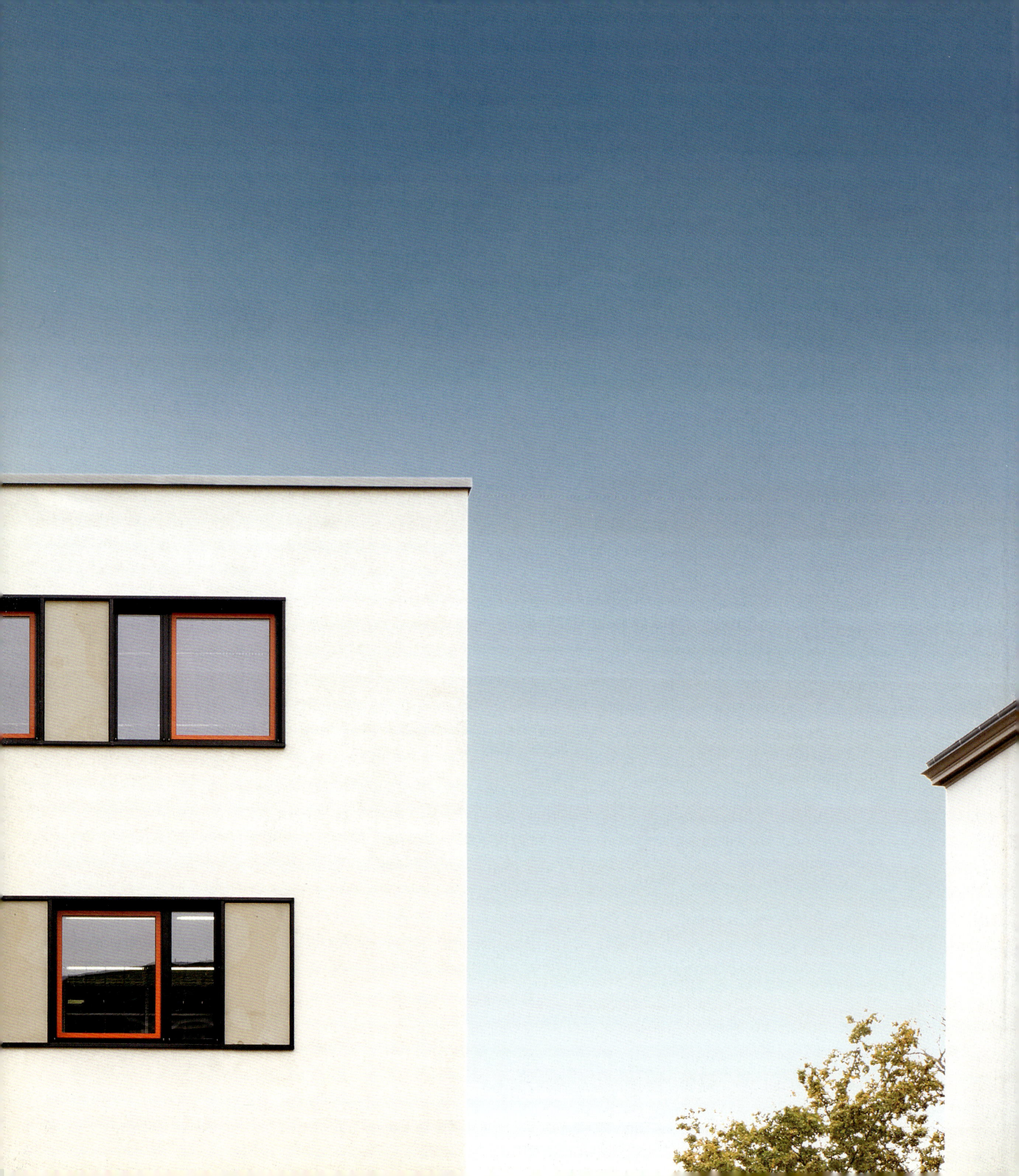

seit 2006 Neue Geschäftsstelle Wiesbaden
„Frankfurter Str. 2"